일빵빵 + 가장 많이 쓰는 생활영어

(1-2-3-4월)

일빵빵
가장 많이 쓰는 생활영어(1-2-3-4월)

2020년 07월 15일 초판 1쇄 발행

지 은 이 | 서장혁
펴 낸 이 | 서장혁
기획편집 | 이경은
디 자 인 | 조은영
마 케 팅 | 한승훈, 최은성, 한아름

펴 낸 곳 | 일빵빵 어학 연구소
주   소 | 경기도 파주시 파주출판단지 회동길 216 2층
T E L | 1544-5383
홈페이지 | www.tomato4u.com
E-mail | support@tomato4u.com
등   록 | 2012. 1. 11.

SPECIAL EDITION

가장 많이 쓰는
생활영어
긴문장 말하기 1

서장혁 지음

1° JAN

2° FEB

3° MAR

4° APR

토마토
출판사

Thanks to...

일빵빵을 사랑해주시는 독자 분들과

'가장 많이 쓰는' 시리즈를 함께 해준

일빵빵 어학 연구소 팀원들에게

감사드립니다.

● '가장 많이 쓰는 생활영어'는

✓ **실생활 표현에 쓰이는**
  영어단어를 연상하는 힘을 길러 드립니다.

단, 1,000개의 중학교 수준의 단어만 알면 365일 여러분의 생활을 영어로 표현할 수 있습니다. 우리가 자유롭게 표현할 수 없는 이유는 알고 있는 단어의 개수가 아니라 얼마나 적절한 단어를 순간 적절하게 연상할 수 있도록 연습이 되어 있는가의 문제입니다.

✓ **쉬운 단어와 문장만으로**
  길게 조합하는 힘을 길러 드립니다.

단, 300개의 표현만으로 365일 실생활을 표현할 수 있습니다. 한국에서 배우는 기초영어 수준의 예문 문장은 1초~2초정도의 문장입니다. 우리가 단, 10초 정도의 말도 영어로 못하는 이유는 문장 표현을 몰라서가 각 문장들을 적절하게 조합하는 훈련이 안 되어 있어서 그렇습니다.

● 이제는 긴 문장으로 말하자!

▶ 1단계 미션 [동사찾기]

실생활 표현을 일기 형식으로 각 날짜별로 한글로 써보고, 각 문장마다 동사를 자동적으
로 찾아보는 단계. (밑줄)

예 나는 아침을 간단히 먹는 편이다.

→ 나는 아침을 간단히 <u>먹는 편이다.</u>

▶ 2단계 미션 [주어찾기]

위의 문장에서 표현할 동사를 찾았으면 각 동사에 맞는 주어를 있는 대로 찾아보는 단계.
(괄호)

예 나는 아침을 간단히 먹는 편이다.

→ (나는) 아침을 간단히 먹는 편이다.

▶ 3단계 미션 [문장구조 파악하기]

각 문장마다 '주어 + 동사'를 묶어보면서 그러한 문장이 몇 개가 조합되어 있는지 파악하는 단계.

예 (나는) 아침을 간단히 먹는 편이다.

→ [나는] + [먹는 편이다] + 간단히 + 아침을
  S   V

▶ 4단계 미션 [문장다듬기]

각 표현에 맞는 영단어 연상과 배열을 통해 긴 문장을 조합해 서 다듬어 나가는 단계.

예 [나는] + [먹는 편이다] + 간단히 + 아침을
  S   V

→ [I] + [usually eat] + my simple breakfast.
  S   V

~하기로 했다	= decided to / had a plan to~
~하는 편이다	= tend to / usually ~
늦잠을 자다	= sleep in
일어나다	= wake up
~에 알람을 맞추다	= set my alarm for~
소원을 빌다	= make a wish
다짐을 하다	= make a resolution

데이트를 하다	= go on a date
옷장을 열다	= open my closet
옷을 고르다	= pick out a new dress
선크림을 바르다	= put on sunscreen
화장을 하다	= put on makeup
머리를 빗다	= brush my hair
머리를 묶다	= tie up my hair

커피를 타다	= brew some coffee
물을 끓이다	= boil water
커피가루를 넣다	= pour instant coffee
물을 따르다	= pour water
설탕을 약간 넣다	= add a bit of sugar
소금을 한 점 뿌리다	= add a pinch of salt
식빵을 굽다	= toast some bread

달걀을 굽다	= fry an egg
사과 잼을 바르다	= spread apple jam
토스트를 반으로 자르다	= slice my toast in half
접시에 담다	= put on a plate
배가 든든하다	= I am full

설거지를 하다	= wash the dishes
고무장갑을 끼다	= wear rubber gloves
접시를 나르다	= carry the plates
접시를 문질러 씻다	= scrub the plates
남은 음식을 랩에 씌우다	= cover the leftovers with plastic wrap
냉장고에 넣다	= store in the refrigerator

창문을 열다	= open the window
환기시키다	= let some fresh air in
침대를 정리하다	= make the bed
가구 먼지를 털다	= dust the furniture
걸레를 빨다	= wash a rag
구석구석 닦다	= wipe down every corner
쓰레기통을 비우다	= empty the trash can
쓰레기 분리수거를 하다	= sort the recycle
빨랫감을 분류하다	= sort my clothes
빨래 하다	= do the laundry
주머니를 확인하다	= check the pockets
빨랫감을 넣다	= throw in my clothes
세탁기를 돌리다	= turn on the washing machine
빨래가 다 되다	= the cycle ends

빨래를 ~에 걸다	= hang my clothes on ~

수강신청을 하다	= register for classes
홈페이지 접속하다	= log into the homepage
~를 적어놓다	= take a note of ~
수업을 시작하다	= begin the class
출석 체크를 하다	= take attendance
A 학점을 받다	= earn an A
제출 마감이다	= be due
발표하다	= give a presentation

버스를 타다	= take the bus
~에 늦다	= be running late for~
택시를 부르다	= flag down a cab
기차를 타다	= take the train
자리를 찾다	= find my seat
표를 확인하다	= check my ticket
간식을 준비하다	= prepare some snacks

마트에 운전해서 가다	= drive to the store
차에 타다	= get in the car
시동을 걸다	= turn on the ignition
시동을 끄다	= turn off the ignition
안전벨트를 매다	= put on /fasten my seatbelt
차선으로 끼어들다	= cut into the lane
깜박이를 켜다	= turn on the blinker
차선을 바꾸다	= change lanes

충돌사고가 나다	= get into a car crash
차를 세우다	= pull over
보험사에 전화하다	= call the insurance company
차를 수리 맡기다	= get the car repaired
차를 찾으러 가다	= pick up my car

차가 있다	= have my own car
지인의 차를 빌리다	= borrow one's car
업체에서 차를 빌리다	= rent a car
차를 반납하다	= return the car

주유소에 들르다	= stop by a gas station
주유를 하다	= start pumping
기름을 채우다	= fill the tank
내 차수리가 끝나다	= my car is fixed
안내대로 하다	= follow the instructions
세차하다	= wash my car
차에 물을 뿌리다	= spray the car with water
차에 세제를 뿌리다	= spray on soap
천으로 차를 닦다	= dry the car with a rag
내부 청소를 꼼꼼히 하다	= deep-clean the interior

월급을 받다	= get paid for
~에게 저녁을 쏘다	= treat someone to a dinner
예약하다	= make a reservation
창가 자리를 예약하다	= reserve seats near the window
남은 음식을 포장하다	= box up the leftovers

일빵빵 가장 많이 쓰는 생활영어
CONTENTS

오늘의
생활 영어 미션 ①

1월 1일 금요일 영하

벌써 새해가 밝았다.

나는 새해에 해돋이를 보러 가기로 했다.

잠이 많은 편이라 5시에 알람을 맞춰 놓았다.

조금 졸렸지만 차를 운전해서 해돋이 보러 현장까지 갔다.

해가 뜰 때 소원을 빌고, 새해 다짐을 했다.

※ 동사는 밑줄로 표시하기.

1. 벌써 새해가 밝았다. (1개)

2. 나는 새해 해돋이를 보러 가기로 했다. (1개)

3. 잠이 많은 편이라 5시에 알람을 맞춰 놓았다. (2개)

4. 조금 졸렸지만 차를 운전해서 해돋이 보러 현장까지 갔다. (3개)

5. 해가 뜰 때 소원을 빌고, 새해 다짐을 했다. (3개)

해답

1. 벌써 새해가 밝았다. (1개)
2. 나는 새해 해돋이를 보러 가기로 했다. (1개)
3. 잠이 많은 편이라 5시에 알람을 맞춰 놓았다. (2개)
4. 조금 졸렸지만 차를 운전해서 해돋이 보러 현장까지 갔다. (3개)
5. 해가 뜰 때 소원을 빌고, 새해 다짐을 했다. (3개)

※ 주어를 있는대로 찾아보기(숨어있는 주어 포함).

1. 벌써 새해가 밝았다. (1개)
`주어`

2. 나는 새해 해돋이를 보러 가기로 했다. (1개)
`주어`

3. 잠이 많은 편이라 5시에 알람을 맞춰 놓았다. (2개)
`주어`

4. 조금 졸렸지만 차를 운전해서 해돋이 보러 현장까지 갔다. (3개)
`주어`

5. 해가 뜰 때 소원을 빌고, 새해 다짐을 했다. (3개)
`주어`

해답		
	1. 벌써 (새해가) 밝았다.	(1개)
	2. (나는) 새해 해돋이를 보러 가기로 했다.	(1개)
	3. <나는> 잠이 많은 편이라 <나는> 5시에 알람을 맞춰 놓았다.	(2개)
	4. <나는> 조금 졸렸지만 <나는> 차를 운전해서 <나는> 해돋이 보러 현장까지 갔다.	(3개)
	5. (해가) 뜰 때 <나는> 소원을 빌고, <나는> 새해 다짐을 했다.	(3개)

* 주어 : ( ), 숨은 주어: < >

※ 보기를 이용해 문장을 완성하고, 문장의 구조 파악하기.

1. 벌써 새해가 밝았다.

= [   ] + [   ] + 벌써
    S   V

2. 나는 새해 해돋이를 보러 가기로 했다.

= [   ] + [   ] + 새해 해돋이를
    S   V

3. 잠이 많은 편이라 5시에 알람을 맞춰 놓았다.

= [   ] + [   ] + 그래서 + [   ] + [   ] + 알람을 + 5시에
    S   V   S   V

4. 조금 졸렸지만 차를 운전해서 해돋이 보러 현장까지 갔다.

= [   ] + [   ] + 그러나 + [   ] + [   ] + 그리고 + [   ] + [   ] + 현장까
    S   V   S   V   S   V

지 + 해돋이 보러

5. 해가 뜰 때 소원을 빌고, 새해 다짐을 했다.

= ~할 때 + [   ] + [   ] + [   ] + [   ] + 그리고 + [   ] + [   ]
           S   V   S   V   S   V

보기

S	I / the sun / The new year
V	drove / has arrived / made a new year's resolution / set / decided to go see / tend to sleep in / made a wish / rose / was a little sleepy / went

4단계　문장 다듬기

※ 어휘를 활용해서 문장 완성하기.

1. 벌써 새해가 밝았다.

= [새해가] + [밝았다] + 벌써
　　 S 　　　　 V

❶ 새해가 + 밝았다

> = The new year has arrived
> - '왔다', '도착했다'로 의미 전환
> - come / arrive란 단어를 쓰면 되며 새해가 '현재를 포함해서 쭉 다가오는 과정'을 의미하므로 과거보다는 'have + p.p' 완료 형태가 적당하다.
>   = has come / has arrived

❷ 벌써

> = already
> - 부사로써 순서는 다음과 같다.
> - 부사의 순서 : 1. have <u>already</u> arrived (완료형 사이)
> 　　　　　　　　2. have arrived <u>already</u>. (문장 끝)

어순 정리　**The new year has arrived already.** [문장1개]

2. 나는 새해 해돋이를 보러 가기로 했다.

= [나는] + [보러가기로 했다] + 새해 해돋이를
    S   V

❶ 나는 +
보러 가기로 했다

> **= I decided to go see (동사와 동사 사이에 to 사용)**
> - 보러 가다 + ~하기로 했다
> - 보러 가다 : go to see (회화에서 go 동사는 뒤에 일반 동사가 나오면 to 생략 가능)
>   = go see
> - 하기로 했다 : 보통은 '결정했다'라는 의미로 생각해서 'decide' 표현을 쓴다는 것을 알아두자.
>   = decided

❷ 새해 해돋이

> **= the first sunrise of the year**
> - the new year sunrise로 말 그대로 풀어 쓸 수 있으나 약간 어색하다.
>   = the new year's sunrise : ('s)를 붙이거나
>   = the sunrise of the new year : A of B 형태를 써준다.
>   늘 '새해'를 붙여주는 것은 한정적이므로, 'first'를 사용하면 좋다.

어순 정리   **I decided to go see the first sunrise of the year.** [문장1개]

3. 잠이 많은 편이라 5시에 알람을 맞춰 놓았다.

= [나는] + [잠이 많은 편이다] + 그래서 + [나는] + [맞춰놓았다] + 알람을 + 5시에
　　S　　　　　V　　　　　　　　　　S　　　　　V

**❶ 나는 +
　잠이 많은 편이다**

= I tend to sleep in
- 나는 잠이 많다 + ~하는 편이다
- 나는 잠이 많다 : 'sleep', 'much' 등등 떠올려질 것이다. 가끔은 이 모든 단어를 조합하는 것도 중요하지만, 자칫 너무 쓸데없이 긴 단어 나열이 될 수 있다.
  그럴 경우를 대비해서 어휘를 하나 기억하자.
  = sleep in : (아침에 평소 일어나는 시간보다) 늦잠을 자다. 라는 의미를 가진 단어
- ~하는 편이다 : 학교에서 단어 공부 할 때 배운 '~하는 경향이 있다'(= tend to)라는 표현을 기억할 것이다. 결국 둘 다 같은 뜻이니 앞으로는 우리 생활에서 더 많이 쓰는 표현으로 외워두자.
  = tend to : ~하는 편이다

ⓒ 그래서

= so
- 양쪽 문장을 이어주는 접속사로 양쪽 모두 '주어 + 동사'를 가진다.

**❷ 나는 +
　맞춰놓았다**

= I set
- 보통 알람이나 시계등을 맞춘다고 할 때는 'set'이라는 동사를 사용해 준다.
  'set one's alarm for ~시간' 형태도 알아두자.(set-set-set)

- 알람을

= my alarm

- 5시에

= for 5 o'clock

I tend to sleep in, so I set my alarm for 5 o'clock. [문장2개]

4. 조금 졸렸지만 차를 운전해서 해돋이 보러 현장까지 갔다.

= [나는] + [조금 졸렸다] + 그러나 + [나는] + [차를 운전했다] + 그리고 + [나는] +
    S   V   S   V   S
[갔다] + 현장까지 + 해돋이 보러
  S

❶ 나는 +
조금 졸렸다

- = I was a little sleepy
- · 조금 + 졸리다
- · a little : 조금
- · (be) sleepy : 졸린

ⓒ 그러나

- = but

❷ 나는 +
차를 운전하다

- = I drove
- · 문맥상 과거형

ⓒ 그리고

- = and

❸ 나는 + 갔다

- · 현장까지

- = I went

- = to the site
- · '현장'이라는 단어는 보통 'site'가 자연스럽다.

- 해돋이 보러

= to watch the sunrise
- 해가 뜨는 시간을 순서대로 지켜보는 것으로 'watch'가 적당하다. '~하러, ~하려고' 의미를 표현할 때는 'to + 동사원형'(부정사)를 사용한다.

(어순 정리) I was a little sleepy, but I drove and I went to the site to watch the sunrise. [문장3개]

문장을 더 줄여보자

1) Though a little sleepy
- I was a little sleepy, but : 나는 조금 졸렸지만 → 보통은 but을 떠올리지만, 여기서 의미는 '조금 졸렸지만 그래도 운전해갔다' 즉, '~했지만, 결국은 ~했다'라는 의미로서 이럴 경우는 but이 아닌 although나 though가 더 자연스럽다.
= Though I was a little sleepy → 두 문장의 주어가 같을 때 접속사가 있는 문장의 '주어 + be동사'는 생략 가능하다.

2) I drove to the site to watch the sunrise
- I drove and I went : 나는 운전했고 나는 갔다(중복)
 → I drove : 나는 운전해서 갔다.

(어순 정리) Though a little sleepy, I drove to the site to watch the sunrise. [문장1개]

5. 해가 뜰 때 소원을 빌고, 새해 다짐을 했다.

= ~할 때 + [해가] + [떴다] + [나는] + [소원을 빌었다] + 그리고 + [나는] + [새해 다
        S   V   S   V   S

짐을 했다]
V

© **~할 때**

= When

❶ **해가 + 떴다**

= the sun rose
- rise – rose – risen : 일어나다/뜨다

❷ **나는 +
소원을 빌었다**

= I made a wish
- make a wish : 소원을 빌다

© **그리고**

= and

❸ **나는 +
새해 다짐을 했다**

= I made a new year's resolution
- make a resolution : 다짐을 하다

어순 정리 **When the sun rose, I made a wish and I made a new year's resolution.** [문장3개]

\# 문장을 더 줄여보자

= I made a wish and a new year's resolution

I made a wish and I <u>made</u> a new year's resolution :
'I made'가 중복되므로 뒤에 단어는 생략.

어순 정리 **When the sun rose, I made a wish and a new year's resolution.** [문장2개]

5단계 미션클리어

※ 한글 문답을 보고 시간 내에 영어로 말해보기.(20초)

Korean ver.

1월 1일 금요일 영하

벌써 새해가 밝았다.

나는 새해 해돋이를 보러 가기로 했다.

잠이 많은 편이라 5시에 알람을 맞춰 놓았다.

조금 졸렸지만 차를 운전해서 해돋이 보러 현장까지 갔다.

해가 뜰 때 소원을 빌고, 새해 다짐을 했다.

English ver.

Friday, January 1st freezing

The new year has arrived already.

I decided to go see the first sunrise of the year.

I tend to sleep in, so I set my alarm for 5 o'clock.

Though a little sleepy, I drove to the site to watch the sunrise.

When the sun rose, I made a wish and a new year's resolution.

오늘의
생활 영어 미션 ②

1월 12일 화요일 추움

오늘은 남자친구와 우리의 새해 첫 데이트가 있다.

옷장을 열고, 입을 새 원피스를 골랐다.

거울 앞에서 선크림을 바르고, 화장을 했다.

머리는 빗어서, 단정하게 묶었다.

너무 설레는 하루였다.

1단계 동사 찾기

※ 동사는 밑줄로 표시하기.

1. 오늘은 남자친구와 우리의 새해 첫 데이트가 있다. (1개)

2. 옷장을 열고, 입을 새 원피스를 골랐다. (2개)

3. 거울 앞에서 선크림을 바르고, 화장을 했다. (2개)

4. 머리는 빗어서, 단정하게 묶었다. (2개)

5. 너무 설레는 하루였다. (1개)

해답

1. 오늘은 남자친구와 우리의 새해 첫 데이트가 <u>있다</u>. (1개)
2. 옷장을 <u>열고</u>, 입을 새 원피스를 <u>골랐다</u>. (2개)
3. 거울 앞에서 선크림을 <u>바르고</u>, 화장을 <u>했다</u>. (2개)
4. 머리는 <u>빗어서</u>, 단정하게 <u>묶었다</u>. (2개)
5. 너무 설레는 하루<u>였다</u>. (1개)

주어 찾기

※ 주어를 있는대로 찾아보기(숨어있는 주어 포함).

1. 오늘은 남자친구와 우리의 새해 첫 데이트<u>가 있다</u>. (1개)

[주어]

2. 옷장을 <u>열고</u>, 입을 새 원피스를 <u>골랐다</u>. (2개)

[주어]

3. 거울 앞에서 선크림을 <u>바르고</u>, 화장을 <u>했다</u>. (2개)

[주어]

4. 머리는 <u>빗어서</u>, 단정하게 <u>묶었다</u>. (2개)

[주어]

5. 너무 설레는 하루<u>였다</u>. (1개)

[주어]

해답

1. 오늘은 (남자친구와) <내가> 우리의 새해 첫 데이트<u>가 있다</u>. (1개)
2. <나는> 옷장을 <u>열고</u>, <나는> 입을 새 원피스를 <u>골랐다</u>. (2개)
3. 거울 앞에서 <나는> 선크림을 <u>바르고</u>, <나는> 화장을 <u>했다</u>. (2개)
4. <나는> 머리는 <u>빗어서</u>, <나는> 단정하게 <u>묶었다</u>. (2개)
5. <가주어> 너무 설레는 하루<u>였다</u>. (1개)

＊가주어란? : 문장 안에 주어로 잡을 만한 단어가 없을 때 주어 자리에
가짜 주어를 넣는데 그것을 가주어라고 한다.

＊주어 : ( ), 숨은 주어: < >

3단계 문장 구조 파악하기

※ 보기를 이용해 문장을 완성하고, 문장의 구조 파악하기.

1. 오늘은 남자친구와 우리의 새해 첫 데이트가 있다.

= 오늘은 + [　　　] + [　　　] + 우리의 + 새해 첫 데이트
　　　　　　 S 　　　　　 V

2. 옷장을 열고, 입을 새 원피스를 골랐다.

= [　　　] + [　　　] + 옷장을 + 그리고 + [　　　] + [　　　] + 입을 새 원피스를
　 S 　　　　 V 　　　　　　　　　　　　　 S 　　　　　 V

3. 거울 앞에서 선크림을 바르고, 화장을 했다.

= 거울 앞에서 + [　　　] + [　　　] + 선크림을 + 그리고 + [　　　] + [　　　] + 화장을
　　　　　　　 S 　　　　 V 　　　　　　　　　　　　　 S 　　　　　 V

4. 머리는 빗어서, 단정하게 묶었다.

= [　　　] + [　　　] + 머리는/를 + 그리고 + [　　　] + [　　　] + 머리를 + 단정하게
　 S 　　　　 V 　　　　　　　　　　　　　 S 　　　　　 V

5. 너무 설레는 하루였다.

= [　　　] + [　　　] + 하루 + 너무 설레는
　 S 　　　　 V

보기

S　　I / It / My boyfriend and I

V　　put on / was / picked out / went on / tied up / opened / brushed

4단계 문장 다듬기

※ 어휘를 활용해서 문장 완성하기.

1. 오늘은 남자친구와 우리의 새해 첫 데이트가 있다.

= 오늘은 + [남자친구와 나는] + [~가 있다] + 우리의 새해 첫 데이트
                  S   V

• 오늘은

= Today
• 부사이므로 문장 앞이나 뒤에 올 수 있다.

❶ **남자친구와 나는 + ~이 있다**

= My boyfriend and I went on
• 남자친구와 나는 : 묶어서 주어 1개가 된다.
• ~이 있다 : 단순히 'there is/are' 문장을 사용할 수 있지만, 보통 '데이트가 있다'라는 표현은 '데이트를 하다' 즉, 'go on a date'라고 오히려 많이 쓴다. 따라서 의미를 바꾼 후 사용하면 관용적 표현으로 쉽게 이용할 수 있다.
• go on a date : 데이트를 하다

• 우리의

= our

• 새해 첫 데이트

= the first date of the new year
• 'the new year', 'the first', 'date' 이런 문장을 배열할 때는 되도록 충돌하지 않도록 하는 것이 좋다. 'The new year's first date'라고 할 수도 있겠으나, 앞에 사람이 아닌 사물(the new year)을 소유격으로 사용하면 조금 어색한 감이 있다. 따라서 이럴 때는 'The first date of the new year' 이렇게 뒤쪽에 'of'를 사용해서 처리해 주는 것이 조금 더 자연스럽다. 앞에 'our'가 오므로 'the'는 생략.

Today, my boyfriend and I went on our first date of the new year. [문장1개]

2. 옷장을 열고, 입을 새 원피스를 골랐다.

= [나는] + [열었다] + 옷장을 + 그리고 + [나는] + [골랐다] + 입을 새 원피스를
  S   V   S   V

❶ 나는 + 열었다

· 옷장을

= I opened

= my closet
· 보통 내게 관련된 사물을 얘기할 때는 앞에 '나의', '우리의' 등 소유격을 붙여주는 것이 좋다.

ⓒ 그리고

= and

❷ 나는 + 골랐다

= I picked out
· '여러 개 중에서 고른다'는 의미의 동사로 'pick out'을 사용한다.

· 입을 새 원피스를

= a new dress to wear
· 입을 : 동사의 의미이면서 '~을'처럼 뒤의 단어를 꾸며줄 때는 마찬가지로 동사로 취급하지 않고 'to + 동사원형'으로 사용하며 수식할 단어 뒤에 위치한다.
= to wear
· 새 원피스를
= a new dress

I opened my closet and picked out a new dress to wear. [문장2개]

3. 거울 앞에서 선크림을 바르고, 화장을 했다.

= 거울 앞에서 + [나는] + [발랐다] + 선크림을 + 그리고 + [나는] + [했다] + 화장을
　　　　　　　 S　　　V　　　　　　　　　　　　　　 S　　　V

- 거울 앞에서

> **= in front of the mirror**
> - 전치사구로 문장 앞이나 뒷부분에 올 수 있다.

❶ 나는 + 발랐다

> **= I put on**
> - 보통 '선크림을 바르다', '화장을 하다'는 'put on'을 사용한다.

- 선크림을

> **= sunscreen**
> - 선크림이라고 하지 않고 정식 영어 표현은 'sunscreen'이
>   라고 한다.

ⓒ 그리고

> **= and**

❷ 나는 + 했다

> **= I put on**
> - 화장을 했다 : '화장을 하다'라는 표현에도 'put on'을 사용
>   한다.

- 화장을

> **= makeup**

> (어순정리) **In front of the mirror I put on sunscreen and I put on makeup.** [문장2개]

\# 문장을 더 줄여보자

> I put on sunscreen and I put on makeup : 'I put on' 단어
> 가 중복되므로 뒤에 단어는 생략한다.

어순 정리 **In front of the mirror I put on sunscreen and make-up.** [문장1개]

4. 머리는 빗어서, 단정하게 묶었다.

= [나는] + [빗었다] + 머리는(를) + 그리고 + [나는] + [묶었다] + 단정하게
    S   V   S   V

❶ 나는 + 빗었다

= I brushed
- 'brush'란 단어는 명사도 있지만 동사의 의미로도 사용된다.

- 머리는

= my hair
- 여기서는 목적어로 사용되었다.

주의 신체 관련 단어는 그 앞에 소유격을 사용해야 한다.

ⓒ 그리고

= and

❷ 나는 + 묶었다

= I tied it up
- 보통 '묶다'라는 의미는 'tie'라는 단어를 사용한다. '꽉 매다'라는 의미를 더해서 'tie up'이라고 표현하면 더 풍부한 표현이 된다.

주의 'up'은 주로 동사 뒤에 쓰이면 '완전히'라는 의미가 되며 앞의 동사의 의미를 더 확실하게 꾸며준다.

여기서 목적어를 같이 쓰는 것이 자연스러우므로 'tie up my hair'라고 하면 온전한 문장이 되고 'my hair'는 앞의 'my hair'와 중복이 되므로 'it'으로 대체할 수 있다.

주의 명사가 대명사로 바뀌면 보통 동사(tie)와 부사(up) 사이에 대명사를 넣어야 한다.

	= tied up my hair (O), tied up it (X), tied it up (O)
• 단정하게	**= neatly**
	• 부사로써 주로 문장 뒤에 사용한다.

어순 정리 **I brushed my hair and tied it up neatly.** [문장2개]

5. 너무 설레는 하루였다.

= [가주어] + [~였다] + 하루 + 너무 설레는
　　S　　　　V

❶ 가주어 + ~였다

> **= It was**
> • 가주어는 보통 'it'을 사용하고, 뒤에는 단순하게 be동사를 사용한다.

• 하루

> **= a day**

• 너무 설레는

> **= filled with excitement**
> • '긴장되면서 설레고 흥분되는 하루'라는 의미이므로 'excitement'정도로 표현하면 될 것 같다. 원래 문장은 'A day is filled with excitement.' '어떤 날(하루)이 설렘으로 꽉 찼다.' 로 표현이 바꾸어 줄 수 있다.
> **주의** It was a day + **A day** is filled with excitement. (두 문장을 합치면)
> = It was a day which is filled with excitement.
> (여기서 보통 which is '관계대명사(which) + be동사'는 생략을 해 준다)
> = It was a day filled with excitement.

어순 정리 **It was a day filled with excitement.** [문장1개]

5단계 미션클리어

※ 한글 문답을 보고 시간 내에 영어로 말해보기.(20초)

(Korean ver.)

1월 12일 화요일 추움

오늘은 남자친구와 우리의 새해 첫 데이트가 있다.

옷장을 열고, 입을 새 원피스를 골랐다.

거울 앞에서 선크림을 바르고, 화장을 했다.

머리는 빗어서, 단정하게 묶었다.

너무 설레는 하루였다.

(English ver.)

Tuesday, January 12th cold

Today, my boyfriend and I went on our first date of the new year.

I opened my closet and picked out a new dress to wear.

In front of the mirror I put on sunscreen and makeup.

I brushed my hair and tied it up neatly.

It was a day filled with excitement.

오늘의
생활 영어 미션 ③

1월 16일 토요일 영하

오늘은 여유로운 시간이 많아 커피를 타 마시기로 했다.

먼저 주전자에 물을 끓이고 인스턴트 커피를 머그컵에 넣었다.

뜨거운 물을 따른 후 설탕을 조금 넣었다.

처음에는 너무 뜨거워서 조금 식을 때까지 기다렸다.

커피와 함께 여유를 가진 것이 오랜만이었다.

※ 동사는 밑줄로 표시하기.

1. 오늘은 여유로운 시간이 많아 커피를 타 마시기로 했다.　　　　　(2개)

2. 먼저 주전자에 물을 끓이고 인스턴트 커피를 머그컵에 넣었다.　　(2개)

3. 뜨거운 물을 따른 후 설탕을 조금 넣었다.　　　　　　　　　　　(2개)

4. 처음에는 너무 뜨거워서 조금 식을 때까지 기다렸다.　　　　　　(3개)

5. 커피와 함께 여유를 가진 것이 오랜만이었다.　　　　　　　　　(2개)

해답
1. 오늘은 여유로운 시간이 많아 커피를 타 마시기로 했다.　　　　　(2개)
2. 먼저 주전자에 물을 끓이고 인스턴트 커피를 머그컵에 넣었다.　　(2개)
3. 뜨거운 물을 따른 후 설탕을 조금 넣었다.　　　　　　　　　　　(2개)
4. 처음에는 너무 뜨거워서 조금 식을 때까지 기다렸다.　　　　　　(3개)
5. 커피와 함께 여유를 가진 것이 오랜만이었다.　　　　　　　　　(2개)

※ 주어를 있는대로 찾아보기(숨어있는 주어 포함).

1. 오늘은 여유로운 시간이 많아 커피를 타 마시기로 했다. (2개)

주어

2. 먼저 주전자에 물을 끓이고 인스턴트 커피를 머그컵에 넣었다. (2개)

주어

3. 뜨거운 물을 따른 후 설탕을 조금 넣었다. (2개)

주어

4. 처음에는 너무 뜨거워서 조금 식을 때까지 기다렸다. (3개)

주어

5. 커피와 함께 여유를 가진 것이 오랜만이었다. (2개)

주어

해답	
	1. 오늘은 <내가> 여유로운 시간이 많아 <나는> 커피를 타 마시기로 했다. (2개)
	2. <나는> 먼저 주전자에 물을 끓이고 <나는> 인스턴트 커피를 머그컵에 넣었다. (2개)
	3. <나는> 뜨거운 물을 따른 후 <나는> 설탕도 조금 넣었다. (2개)
	4. <커피가> 처음에는 너무 뜨거워서 <커피가> 조금 식을 때까지 <나는> 기다렸다. (3개)
	5. <내가> 커피와 함께 여유를 가진 것이 <가주어> 오랜만이었다. (2개)

• 주어 : ( ), 숨은 주어: < >

※ 보기를 이용해 문장을 완성하고, 문장의 구조 파악하기.

1. 오늘은 여유로운 시간이 많아 커피를 타 마시기로 했다.

= 오늘은 + [   ] + [   ] + 많은 + 여유로운 시간이 + 그래서 + [   ] + [   ] + 커피를
               S   V   S   V

2. 먼저 주전자에 물을 끓이고 인스턴트 커피를 머그컵에 넣었다.

= 먼저 + [   ] + [   ] + 물을 + 주전자에 + 그리고 + [   ] + [   ] + 인스턴트 커
           S   V   S   V

   피를 + 머그컵에

3. 뜨거운 물을 따른 후 설탕을 조금 넣었다.

= ~한 후 + [   ] + [   ] + 뜨거운 물을 + [   ] + [   ] + 설탕을 조금
            S   V   S   V

4. 처음에는 너무 뜨거워서 조금 식을 때까지 기다렸다.

= 처음에는 + [   ] + [   ] + 그래서 + [   ] + [   ] + ~할 때까지 + [   ] +
              S   V   S   V   S

   [   ]
      V

5. 커피와 함께 여유를 가진 것이 오랜만이었다.

= ~한 지 + [   ] + [   ] + 커피와 함께 + [   ] + [   ]
           S   V   S   V

보기

<u>S</u>	I / It / My drink
<u>V</u>	was too hot / added / got to relax / poured / decided to brew / boiled / waited for / had been a while / had / cooled

※ 어휘를 활용해서 문장 완성하기.

1. 오늘은 여유로운 시간이 많아 커피를 타 마시기로 했다.

= 오늘은 + [내가] + [~이 있다] + 많은 + 여유로운 시간이 + 그래서 + [나는] + [타
마시기로 했다] + 커피를

- 오늘은

> = Today
> · 문장 앞이나 뒤에 쓸 수 있다.

① 내가 + ~이 있다

> = I had
> · '있다' 즉 '가지고 있다'라는 표현으로 보면 적당하다.

- 많은

> = so much
> · 여기서는 셀 수 없는 명사를 꾸며주므로 'much'라고 표현
> 한다. 강조를 위해 'so'를 붙여준다.

- 여유로운 시간

> = free time
> · 즉, '자유로운 시간'이라는 표현으로 바꾸어 보자.

ⓒ 그래서

> = so

**② 나는 +
타 마시기로 했다**

> = I decided to brew
> · 타 마시다 : 단순히 'make some coffee'라고도 하지만,
> 'brew some coffee'라는 표현도 알아두자.

= brew : 커피나 차를 우려내다, 끓이다.

• ~하기로 했다

= decided

• 커피를

= some coffee

어순정리 **Today I had so much free time, so I decided to brew some coffee.**
[문장2개]

문장을 더 줄여보자

Today I had so much free time : 보통 'have' 동사가 나오면 '주어 + have' 동사 대신에 'with'라는 전치사로 바꾸어 표현하면 문장이 줄어든다.

= Today I have so much free time → **Today with so much free time**(or **With so much free time, today**)

= With so much free time, today, I decided to brew some coffee. (문장이 1개가 되었으므로 접속사 so는 필요 없다)

어순정리 **With so much free time, today, I decided to brew some coffee.** [문장1개]

2. 먼저 주전자에 물을 끓이고 인스턴트 커피를 머그컵에 넣었다.

= 먼저 + [나는] + [끓였다] + 물을 + 주전자에 + 그리고 + [나는] + [넣었다] + 인스
　　　　　 S　　　　 V　　　　　　　　　　　　　　　　 S　　　 V
턴트 커피를 + 머그컵에

- 먼저

> = First
> - 'First' 의미적으로도 보통 문장 맨 앞에 써준다.

❶ **나는 + 끓였다**

> = I boiled
> - boil (물이나 액체를 끓다/끓이다)

- 물을

> = water

- 주전자에

> = in a kettle

Ⓒ **그리고**

> = and

❷ **나는 + 넣었다**

> = I poured
> - 'put'을 보통 많이 생각하지만, 여기서 '액체나 가루를 쏟아 붓다, 따르다'라는 의미가 강하므로 'pour'이란 표현이 더 적당하다.

- 인스턴트 커피를

> = instant coffee

- 머그컵에

> = into a mug

어순 정리 **First, I boiled water in a kettle and poured instant coffee into a mug.** [문장2개]

3. 뜨거운 물을 따른 후 설탕을 조금 넣었다.

= ~한 후 + [나는] + [따랐다] + 뜨거운 물을 + [나는] + [넣었다] + 설탕을 조금
　　　　　 S　　　　 V　　　　　　　　　 S　　　　 V

⊙ ~한 후

= After
- 의미에 해당하는 문장 앞에 위치한다.

❶ 나는 + 따랐다

= I poured
- 물을 따른 의미이므로 'pour'을 사용한다.

- 뜨거운 물을

= hot water

❷ 나는 + 넣었다

= I added
- '액체나 가루를 넣었다, 따르다'라는 표현이므로 'pour'도 괜찮지만, 여기서 커피는 주된 재료이므로 'pour'도 상관없 지만, 설탕은 부재료가 되므로 'pour'을 쓰면 '설탕을 주로 부었다'라는 의미가 되므로 약간 어색하다. 보통 '부재료나 소스등을 넣었다'라고 표현 할 때는 '첨가하다' 의미의 'add'라는 표현으로 바꿔주는 것도 표현상 자연스럽다.

- 설탕을 조금

= a bit of sugar

어순 정리 **After I poured hot water, I added a bit of sugar.** [문장2개]

문장을 더 줄여보자

After I poured hot water : 부사 접속사(After 등등)가 오는 문장의 주어가 뒷문장의 주어와 일치하면 그 주어는 생략가 능하고, 해당 문장의 동사는 능동(~ing)이나 수동(~ed)의 형태로 바꿔준다.

> = After I poured hot water → After pouring hot water :
> 일치된 주어(1) 생략 / 능동이므로 'pouring'.

어순 정리 **After pouring hot water, I added a bit of sugar.** [문장1개]

4. 처음에는 너무 뜨거워서 조금 식을 때까지 기다렸다.

= 처음에는 + [커피가] + [너무 뜨거웠다] + 그래서 + [나는] + [기다렸다] + ~할 때
        S   V   S   V
까지 + [커피가] + [식다]
         S   V

**❶ 커피가 +
너무 뜨거웠다**

= **My drink was too hot**
- my coffee was too hot : 'coffee'라는 단어가 계속 중복
  되는 경향이 있으므로 'my drink'라는 표현으로 바꿔줘도
  좋다.

- 처음에는

= **At first**
- 주로 문장 뒤에 붙여준다.

ⓒ 그래서

= **so**

❷ 나는 + 기다렸다

= **I waited**

ⓒ ~할 때까지

= **until**

❸ 커피가 + 식다

> **= it cooled**
> · cool : 식다/ 식혀지다
> **주의** my drink cooled : 'my drink'는 중복이므로 'it'으로 대체한다.
>
>
> **어순 정리** My drink was too hot at first, so I waited until it cooled. [문장3개]
>
>
> **= I waited for it to cool**
> I waited until it cooled : '커피가 식을 때까지 나는 기다렸다'에서 'until'을 빼면 '나는 커피를 기다렸다 = I waited for it'으로 바꿀 수 있다. '식는다(cool)'라는 동사는 주어 'it'을 꾸며줘야 하므로 to부정사로 바꾸어 쓸 수 있으며 문장이 1개가 더 줄어든다.

 # 문장을 더 줄여보자

어순 정리 My drink was too hot at first, so I waited for it to cool. [문장2개]

5. 커피와 함께 여유를 가진 것이 오랜만이었다.

= ~한 지 + [나는] + [여유를 가지다] + 커피와 함께 + [가주어] + [오랜만이었다]
                S   V   S   V

ⓒ ~한 지

> **= Since**
> · 우리가 알고 있는 '~이후로 쭉'과 같은 의미이며 알맞은 접속사는 'since'가 있다.

❶ 나는 +
여유를 가지다

= I got to relax
- get to : ~ 하게 되다
- get to relax : 여유를 갖게 되다.

- 커피와 함께

= with a cup of coffee
- 커피는 단위로 나타내므로 앞에 'a cup of coffee' 정도는 붙여주는 것이 좋다.

❷ (가주어) +
오랜만이었다

= It had been a while
- 'while'은 '잠시'라는 의미이지만, 'have + p.p + a while' 표현으로 쓰면 완료형의 의미를 살려서 '과거로부터 어느 정도 지난 시간'을 의미한다.
- 과거보다 더 과거이므로 'had been'을 사용한다.

어순 정리 Since I got to relax with a cup of coffee, it had been a while.
= It had been a while since I got to relax with a cup of coffee. [문장2개]

※ 한글 문답을 보고 시간 내에 영어로 말해보기.(20초)

Korean ver.

1월 16일 토요일 영하

오늘은 여유로운 시간이 많아 커피를 타 마시기로 했다.

먼저 주전자에 물을 끓이고 인스턴트 커피를 머그컵에 넣었다.

뜨거운 물을 따른 후 설탕을 조금 넣었다.

처음에는 너무 뜨거워서 조금 식을 때까지 기다렸다.

커피와 함께 여유를 가진 것이 오랜만이었다.

English ver.

Saturday, January 16th freezing

With so much free time, today, I decided to brew some coffee.

First, I boiled water in a kettle and poured instant coffee into a mug.

After pouring hot water, I added a bit of sugar.

My drink was too hot at first, so I waited for it to cool.

It had been a while since I got to relax with a cup of coffee.

오늘의
생활 영어 미션 ④

나는 아침을 간단히 먹는 편이다.

오늘 일어나자마자 식빵을 구웠다.

내가 좋아하는 사과잼을 바른 후 토스트를 반으로 자르고 접시에 담

았다.

프라이팬에 달걀을 구운 후, 소금을 뿌려서 빵과 함께 먹었다.

배가 든든했다.

※ 동사는 밑줄로 표시하기.

1. 나는 아침을 간단히 먹는 편이다.   (1개)

2. 오늘 일어나자마자 식빵을 구웠다.   (2개)

3. 내가 좋아하는 사과잼을 바른 후 토스트를 반으로 자르고 접시에 담았다.   (3개)

4. 프라이팬에 달걀을 구운 후, 소금을 뿌려서 빵과 함께 먹었다.   (3개)

5. 배가 든든했다.   (1개)

해답

1. 나는 아침을 간단히 먹는 편이다.   (1개)
2. 오늘 일어나자마자 식빵을 구웠다.   (2개)
3. 내가 좋아하는 사과잼을 바른 후 토스트를 반으로 자르고 접시에 담았다.   (3개)
4. 프라이팬에 달걀을 구운 후, 소금을 뿌려서 빵과 함께 먹었다.   (3개)
5. 배가 든든했다.   (1개)

주어 찾기

※ 주어를 있는대로 찾아보기(숨어있는 주어 포함).

1. 나는 아침을 간단히 <u>먹는 편이다</u>.   (1개)

주어

2. 오늘 <u>일어나자마자</u> 식빵을 <u>구웠다</u>.   (2개)

주어

3. 내가 좋아하는 사과잼을 <u>바른</u> 후 토스트를 반으로 <u>자르고</u> 접시에 <u>담았다</u>.   (3개)

주어

4. 프라이팬에 달걀을 <u>구운</u> 후, 소금을 <u>뿌려서</u> 빵과 함께 <u>먹었다</u>.   (3개)

주어

5. 배가 <u>든든했다</u>.   (1개)

주어

해답

1. (나는) 아침을 간단히 <u>먹는 편이다</u>.   (1개)
2. 오늘 <나는> <u>일어나자마자</u> <나는> 식빵을 <u>구웠다</u>.   (2개)
3. <나는> 내가 좋아하는 사과잼을 <u>바른</u> 후 <나는> 반으로 <u>자르고</u> <나는> 접시에 <u>담았다</u>.(3개)
4. <나는> 프라이팬에 달걀을 <u>구운</u> 후, <나는> 소금을 <u>뿌려서</u> <나는> 빵과 함께 <u>먹었다</u>. (3개)
5. <나는> 배가 <u>든든했다</u>.   (1개)

• 주어 : ( ), 숨은 주어: < >

문장 구조 파악하기

※ 보기를 이용해 문장을 완성하고, 문장의 구조 파악하기.

1. 나는 아침을 간단히 먹는 편이다.

= [   ] + [   ] + 아침을 간단히
    S   V

2. 오늘 일어나자마자 식빵을 구웠다.

= ~하자마자 + [   ] + [   ] + 오늘 + [   ] + [   ] + 식빵을
              S   V   S   V

3. 내가 좋아하는 사과잼을 바른 후 토스트를 반으로 자르고 접시에 담았다.

= ~한 후 + [   ] + [   ] + 내가 좋아하는 사과잼을 + [   ] + [   ] + 토스트를 +
            S   V   S   V

반으로 + 그리고 + [   ] + [   ] + 토스트를 + 접시에
                  S   V

4. 프라이팬에 달걀을 구운 후, 소금을 뿌려서 빵과 함께 먹었다.

= ~한 후 + [   ] + [   ] + 달걀을 + 프라이팬에 + [   ] + [   ] + 소금을 + 그리고
            S   V   S   V

+ [   ] + [   ] + 달걀을 + 빵과 함께
   S   V

5. 배가 든든했다.

= [   ] + [   ] + 배가 든든
   S   V

보기

S   I

V   fried / spread / woke up / added / usually eat / sliced / ate / toasted / put / was

4단계   문장 다듬기

※ 어휘를 활용해서 문장 완성하기.

1. 나는 아침을 간단히 먹는 편이다.

= [나는] + [먹는 편이다] + 아침을 간단히
    S   V

❶ 나는 +
먹는 편이다

> **= I usually eat**
> - '~하는 편이다'라는 표현은 'tend to' 혹은 'usually'를 붙여 사용할 수 있다.
>   = I tend to eat

- 아침을 간단히

> **= a simple breakfast**
> - 보통은 '간단한 아침'으로 전환해주는 것이 더 자연스럽다.

어순 정리   **I usually eat a simple breakfast.** [문장1개]

2. 오늘 일어나자마자 식빵을 구웠다.

= ~하자마자 + [나는] + [일어났다] + 오늘 + [나는] + [구웠다] + 식빵을
             S   V   S   V

ⓒ ~하자마자

> **= As soon as**
> - 접속사로서 보통 문장 앞에 쓴다.

❶ 나는 + 일어났다

> **= I woke up**
> - '일어나다'는 '잠에서 깨다'라는 의미의 동사로 표현한다.
>   (wake - woke - woken)

- 오늘

> = today
> - 문장 앞이나 뒤에 붙일 수 있다.

❷ **나는 + 구웠다**

> = I toasted
> - '굽다'라는 표현으로 'bake'는 직접 '빵을 굽다' 즉 약간 제빵 기계에 전문적으로 굽는 의미가 있다. 집에서 간단히 아침에 먹을 빵을 굽는 표현은 'toast'라는 표현도 동사로 쓰이니 알아두자.

- 식빵을

> = some bread

어순 정리 **As soon as I woke up today, I toasted some bread.**
[문장2개]

3. 내가 좋아하는 사과잼을 바른 후 토스트를 반으로 자르고 접시에 담았다.

= ~한 후 + [나는] + [발랐다] + 내가 좋아하는 사과잼을 + [나는] + [잘랐다] + 토스
　　　　　　S　　　　V　　　　　　　　　　　　　　　　　S　　　　V
트를 + 반으로 + 그리고 + [나는] + [담았다] + 토스트를 + 접시에
　　　　　　　　　　　　S　　　　V

ⓒ **~한 후**

> = After
> - 접속사로 해당 의미를 가진 문장 앞에 쓰인다.

❶ **나는 + 발랐다**

> = I spread (spread - spread - spread)
> - 'spread'는 '펼치다', '퍼지다'라는 의미가 있는데 보통 빵에 잼을 골고루 발라주는 행위일 때 이 표현을 많이 사용한다.

- 내가 좋아하는 사과잼을

= my favorite apple jam
- my favorite : 내가 좋아하는

❷ 나는 + 잘랐다

= I sliced
- 보통 나눠서 자르는 표현은 'slice'를 사용한다.

- 토스트를

= my toast

- 반으로

= in half

ⓒ 그리고

= and

❸ 나는 + 담았다

= I put
- 단순히 'put'을 사용하면 된다.

- 토스트를

= it

- 접시에

= on a plate

어순 정리 After I spread my favorite apple jam, I sliced my toast in half and I put it on a plate. [문장3개]

\# 문장을 더 줄여보자

After I spread my favorite apple jam : 부사 접속사가 있는 문장에서 두 개의 주어가 일치하면 접속사가 있는 문장의 주어는 생략 가능하다. 이럴 때 동사는 능동(~ing) 혹은 수동(~ed) 형태로 바꿔준다.
- After I spread my favorite apple jam → After spreading my favorite apple jam.

After spreading my favorite apple jam, I sliced my toast in half and put it on a plate. [문장2개]

4. 프라이팬에 달걀을 구운 후, 소금을 뿌려서 빵과 함께 먹었다.

= ~한 후 + [나는] + [구웠다] + 달걀을 + 프라이팬에 + [나는] + [뿌렸다] + 소금을
     S   V   S   V

+ 그리고 + [나는] + [먹었다] + 달걀을 + 빵과 함께
    S   V

ⓒ **~한 후**

= After

❶ **나는 + 구웠다**

= I fried
- 달걀을 기름에 굽거나 튀기는 행위이므로 'fry(기름에 굽다, 튀기다)' 표현이 적당하다.

- 달걀을

= an egg

- 프라이팬에

= on a pan

❷ **나는 + 뿌렸다**

= I added
- 소스나 조미료를 뿌린다는 경우는 'add'라는 표현을 사용하면 적당하다.

- 소금을

= a pinch of salt
- 설탕이나 소금 같은 조미료는 앞에 셀 수 있는 단위를 붙여주면 좋다.
- pinch : 엄지와 검지로 꼬집듯이 집는 표현. '약간, 조금'의 뜻.

ⓒ 그리고

= and

❸ 나는 + 먹었다

= I ate

- 달걀을

= it

- 빵과 함께

= with my toast

(어순 정리) **After I fried an egg on a pan, I added a pinch of salt and I ate it with my toast.** [문장3개]

\# 문장을 더 줄여보자

After I fried an egg on a pan
→ After frying an egg on a pan

(어순 정리) **After frying an egg on a pan, I added a pinch of salt and ate it with my toast.** [문장2개]

5. 배가 든든했다.

= [나는] + [~였다] + 배가 든든한
　　S　　　V

❶ 나는 + ~였다

= I was

- 배가 든든한

= full

(어순 정리) **I was full.** [문장1개]

5단계 · 미션클리어

※ 한글 문답을 보고 시간 내에 영어로 말해보기.(20초)

Korean ver.

1월 18일 월요일 흐림

나는 아침을 간단히 먹는 편이다.

오늘 일어나자마자 식빵을 구웠다.

내가 좋아하는 사과잼을 바른 후 토스트를 반으로 자르고 접시에 담았다.

프라이팬에 달걀을 구운 후, 소금을 뿌려서 빵과 함께 먹었다.

배가 든든했다.

English ver.

Monday, January 18th overcast

I usually eat a simple breakfast.

As soon as I woke up today, I toasted some bread.

After spreading my favorite apple jam, I sliced my toast in half and put it on a plate.

After frying an egg on a pan, I added a pinch of salt and ate it with my toast.

I was full.

오늘의 생활 영어 미션 ⑤

1월 28일 목요일 눈

오늘은 엄마를 위해서 내가 설거지를 했다.

엄마가 고무장갑을 끼고 하라고 하셨다.

난 접시를 모아 주방으로 가져가서 세제를 묻히고, 접시를 뜨거운 물

로 씻었다.

남은 음식은 랩에 씌워서 냉장고에 넣어두었다.

엄마가 잘했다고 칭찬해 주셨다.

1단계   동사 찾기

※ 동사는 밑줄로 표시하기.

1. 오늘은 엄마를 위해서 내가 설거지를 했다.   (1개)

2. 엄마가 고무장갑을 끼고 하라고 하셨다.   (2개)

3. 난 접시를 모아 주방으로 가져가서 뜨거운 물로 씻었다.   (3개)

4. 남은 음식은 랩에 씌워서 냉장고에 넣어두었다.   (2개)

5. 엄마가 잘했다고 칭찬해 주셨다.   (2개)

해답

1. 오늘은 엄마를 위해서 내가 설거지를 <u>했다</u>.   (1개)
2. 엄마가 고무장갑을 <u>끼고</u> 하라고 <u>하셨다</u>.   (2개)
3. 난 접시를 <u>모아</u> 주방으로 <u>가져가서</u> 뜨거운 물로 <u>씻었다</u>.   (3개)
4. 남은 음식은 랩에 <u>씌워서</u> 냉장고에 <u>넣어두었다</u>.   (2개)
5. 엄마가 <u>잘했다고</u> <u>칭찬해</u> 주셨다.   (2개)

2단계 | 주어 찾기

※ 주어를 있는대로 찾아보기(숨어있는 주어 포함).

1. 오늘은 엄마를 위해서 내가 설거지를 했다. (1개)

`주어`

2. 엄마가 고무장갑을 끼고 하라고 하셨다. (2개)

`주어`

3. 난 접시를 모아 주방으로 가져가서 뜨거운 물로 씻었다. (3개)

`주어`

4. 남은 음식은 랩에 씌워서 냉장고에 넣어두었다. (2개)

`주어`

5. 엄마가 잘했다고 칭찬해 주셨다. (2개)

`주어`

해답

1. 오늘은 엄마를 위해서 (내가) 설거지를 했다. (1개)
2. (엄마가) <내가> 고무장갑을 끼고 하라고 하셨다. (2개)
3. (난) 접시를 모아 <나는> 주방으로 가져가서 <나는> 뜨거운 물로 씻었다. (3개)
4. <나는> 남은 음식은 랩에 씌워서 <나는> 냉장고에 넣어두었다. (2개)
5. (엄마가) <내가> 잘했다고 칭찬해 주셨다. (2개

• 주어 : ( ), 숨은 주어: < >

※ 보기를 이용해 문장을 완성하고, 문장의 구조 파악하기.

1. 오늘은 엄마를 위해서 내가 설거지를 했다.

= 오늘은 + [　　　] + [　　　] + 엄마를 위해서
　　　　　　　S　　　　　　V

2. 엄마가 고무장갑을 끼고 하라고 하셨다.

= [　　　] + [　　　] + [　　　] + [　　　] + 고무장갑을
　　S　　　　　V　　　　　S　　　　　V

3. 난 접시를 모아 주방으로 가져가서 뜨거운 물로 씻었다.

= [　　　] + [　　　] + 접시를 + 그리고 + [　　　] + [　　　] + 접시들을 + 주방으로 + 그리고
　　S　　　　　V　　　　　　　　　　　　　S　　　　　V

　+ [　　　] + [　　　] + 접시들을 + 뜨거운 물로
　　　S　　　　　V

4. 남은 음식은 랩에 씌워서 냉장고에 넣어두었다.

= [　　　] + [　　　] + 남은 음식은 + 랩에 + 그리고 + [　　　] + [　　　] + 남은 음식을 + 냉
　　S　　　　　V　　　　　　　　　　　　　　　　　　S　　　　　V
　장고에

5. 엄마가 잘했다고 칭찬해 주셨다.

= [　　　] + [　　　] + [　　　] + [　　　]
　　S　　　　　V　　　　　S　　　　　V

S　　I / My mom

V　　covered / scrubbed / washed the dishes / complimented / told / carried /
　　gathered / stored / should wear / did a good job

4단계 문장 다듬기

※ 어휘를 활용해서 문장 완성하기.

1. 오늘은 엄마를 위해서 내가 설거지를 했다.

= 오늘은 + [내가] + [설거지를 했다] + 엄마를 위해서
                   S   V

- 오늘은

> = Today
> - 문장 앞이나 뒤에 쓸 수 있다.

❶ **내가 +
설거지를 했다**

> = I washed the dishes
> - '설거지를 하다'라는 표현은 'wash the dishes' 혹은 'do the dishes'라 한다.
>   = I did the dishes.

- 엄마를 위해서

> = for my mom

어순 정리 **Today, I washed the dishes for my mom.** [문장1개]

2. 엄마가 고무장갑을 끼고 하라고 하셨다.

= [엄마가] + [~하라고 하셨다] + [나에게] + [끼고 하다] + 고무장갑을
      S   V   S   V

❶ **엄마가 +
~하라고 하셨다**

> = My mom told (me)
> - '~하라고 하다', '~하라고 시키다' 이런 표현은 기본적으로 'tell' 동사를 많이 사용한다. 단, 'tell' 동사 다음에는 말을

듣는 사람(me)을 명시해주는 것이 좋다.

ⓒ ~을

= that

[주의] 문장이 2개가 서로 앞, 뒤로 연결될 때 '을 ~하라고 했다'와 같은 의미로 뒤의 문장을 목적어 의미를 가진 명사처럼 사용할 때 이 뒤의 문장을 '명사절'이라고 한다. 이럴 때 앞 뒤 두 문장은 'that' 접속사로 이어준다.

❷ 내가 + 끼고 하다

= I should wear

· 몸에 착용하는 모든 행위를 나타내는 표현은 'wear'을 사용한다.

· 고무장갑

= rubber gloves

[주의] 엄마가 내가 고무장갑을 끼고 하라고 하셨다.

= My mom told me that I should wear rubber gloves : 문장이 2개가 연결되므로 문장 사이에 'that'을 썼으며, 의미상 '내가 고무 장갑을 껴야 한다'라는 의미가 강해서 'should'를 사용해 주는 것이 좋다.

어순 정리 **My mom told me that I should wear rubber gloves.** [문장2개]

문장을 더 줄여보자

My mom told me that I should wear rubber gloves

[주의] 여기에서 'tell me + that절'일 때 의미는 'that' 이하를 '~하라고 말하다, 시키다'의 의미가 된다. 문장을 줄이기 위해서 '~할 것을'이라고 표현 할 수 있고 역시 마찬가지로 '~을'처럼 목적어 의미를 가진 명사처럼 동사를 사용하고자 할 때는 'to + 동사원형'을 사용하면 된다.

어순 정리 **My mom told me to wear rubber gloves.** [문장1개]

3. 난 접시를 모아 주방으로 가져가서 뜨거운 물로 씻었다.

= [나는] + [모았다] + 접시를 + 그리고 + [나는] + [가져갔다] + 주방으로 + 그리고
  S   V   S   V
+ [나는] + [씻었다] + 뜨거운 물로
  S   V

❶ **나는 + 모았다**

= I gathered

• 접시를

= all the plates
• 설거지를 하기 위해 모은 모든 접시를 의미하므로 'all the plates'라고 표현해 주는 것이 자연스럽다.

© **그리고**

= and

❷ **나는 + 가져갔다**

= I carried
• 'carry'라는 단어는 '실어나르다', '가져가다'라는 의미이다.
참고 한국어에서는 종종 동사만 써도 말이 되는 경우가 있으나 영어에서는 문장 구성 '주어 + 동사 + 목적어'를 다 표현해 줘야 하는 경우가 있다. 여기서는 문맥상 '접시들을' 가져갔다 라는 의미로 해석할 수 있으므로 '접시들을'이라는 목적어를 표시해 주는 것이 좋다.

• 접시들을

= them

• 주방으로

= to the kitchen

© **그리고**

= and

❸ **나는 + 씻었다**

= I scrubbed
• '접시를 씻다'는 표현은 여러 가지가 있으나 추가 표현으로 '접시를 비눗물과 솔로 문질러 씻다'라는 의미로 'scrub'이

란 표현도 가능하다.

- 접시들을   = them

- 뜨거운 물로   = with hot water

<u>어순 정리</u> I gathered all the plates <u>and I</u> carried them to the kitchen and <u>I</u> scrubbed them with hot water.

문장을 더 줄여보자

'and'로 연결되는 문장마다 같은 주어가 반복되므로 이럴 때는 'A, B, AND C' 형태의 병렬구조로 표현한다.

<u>어순 정리</u> I gathered all the plates, carried them to the kitchen and scrubbed them with hot water. [문장3개]

4. 남은 음식은 랩에 씌워서 냉장고에 넣어두었다.

= [나는] + [씌웠다] + 남은 음식은 + 랩에 + 그리고 + [나는] + [넣어두었다] + 남은
   S   V   S   V
음식을 + 냉장고에

❶ 나는 + 씌웠다

= I covered
- '씌우다'라는 표현은 'cover'라는 의미의 동사로 표현하자.

- 남은 음식   = the leftovers

- 랩에   = with plastic wrap
- 보통 랩은 흔히 '비닐포장이나 비닐 백'이라고 하는데 영미권에서는 보통 'plastic'이라고 한다.

ⓒ 그리고

= and

❷ 나는 +
넣어두었다

= I stored
- '냉장고에 넣어두다'로 'put'도 좋고 의미상 'store'(저장하다/보관하다)도 좋은 표현이다.

- 남은 음식을

= them

- 냉장고에

= in the refrigerator

어순 정리 I covered the leftovers with plastic wrap and stored them in the refrigerator. [문장2개]

5. 엄마가 잘했다고 칭찬해 주셨다.

= [엄마가] + [칭찬해 주셨다] + [내가] + [잘했다]
　　 S 　　　 V 　　　 S 　　 V

❶ 엄마가 +
칭찬해 주셨다

= My mom complimented
- '~를 칭찬하다' 표현으로는 'compliment'라는 단어표현을 알아두자.

❷ 내가 + 잘했다

= I did a good job
주의 엄마가 '내가 잘했다고' 칭찬해 주셨다라는 표현에서는 'compliment'는 뒤에 문장을 가져오지 않고 'compliment + 사람 + for + 칭찬받을 행위'라고 표현하기 때문에 자연스럽게 문장이 줄어든다. (for + ~ing)

어순 정리 My mom complimented me for doing a good job.
[문장1개]

5단계 미션클리어

※ 한글 문답을 보고 시간 내에 영어로 말해보기.(20초)

Korean ver.

1월 28일 목요일 눈

오늘은 엄마를 위해서 내가 설거지를 했다.

엄마가 고무장갑을 끼고 하라고 하셨다.

난 접시를 모아 주방으로 가져가서 뜨거운 물로 씻었다.

남은 음식은 랩에 씌워서 냉장고에 넣어두었다.

엄마가 잘했다고 칭찬해 주셨다.

English ver.

Thursday, January 28th snowy

Today, I washed the dishes for my mom.

My mom told me to wear rubber gloves.

I gathered all the plates, carried them to the kitchen and scrubbed them

with hot water.

I covered the leftovers with plastic wrap and stored them in the refrigerator.

My mom complimented me for doing a good job.

오늘의
생활 영어 미션 ⑥

1월 30일 토요일 쌀쌀함

토요일은 청소하는 날이다.

나는 환기를 시키려고 창문을 열었다.

침대를 정리하고, 가구에 있는 먼지부터 털었다.

걸레는 빨아서 구석구석 닦았다.

쓰레기통을 비우고, 쓰레기를 분리수거까지 했다.

동사 찾기

※ 동사는 밑줄로 표시하기.

1. 토요일은 청소하는 날이다. (1개)

2. 나는 환기를 시키려고 창문을 열었다. (1개)

3. 침대를 정리하고, 가구에 먼지부터 털었다. (2개)

4. 걸레는 빨아서 구석구석 닦았다. (2개)

5. 쓰레기통을 비우고, 쓰레기를 분리수거까지 했다. (2개)

해답

1. 토요일은 청소하는 날이다. (1개)
2. 나는 환기를 시키려고 창문을 열었다. (1개)
3. 침대를 정리하고, 가구에 먼지부터 털었다. (2개)
4. 걸레는 빨아서 구석구석 닦았다. (2개)
5. 쓰레기통을 비우고, 쓰레기를 분리수거까지 했다. (2개)

2단계 — 주어 찾기

※ 주어를 있는대로 찾아보기(숨어있는 주어 포함).

1. 토요일은 청소하는 <u>날</u>이다. (1개)

주어

2. 나는 환기를 시키려고 창문을 <u>열었다</u>. (1개)

주어

3. 침대를 <u>정리하고</u>, 가구에 <u>먼지부터</u> 털었다. (2개)

주어

4. 걸레는 <u>빨아서</u> 구석구석 <u>닦았다</u>. (2개)

주어

5. 쓰레기통을 <u>비우고</u>, 쓰레기를 분리수거까지 했다. (2개)

주어

해답

1. (토요일은) 청소하는 <u>날</u>이다. (1개)
2. (나는) 환기를 시키려고 창문을 <u>열었다</u>. (1개)
3. <나는> 침대를 <u>정리하고</u>, <나는> 가구에 <u>먼지부터</u> 털었다. (2개)
4. <나는> 걸레는 <u>빨아서</u> <나는> 구석구석 <u>닦았다</u>. (2개)
5. <나는> 쓰레기통을 <u>비우고</u>, <나는> 쓰레기를 <u>분리수거까지</u> 했다. (2개)

• 주어 : ( ), 숨은 주어: < >

※ 보기를 이용해 문장을 완성하고, 문장의 구조 파악하기.

1. 토요일은 청소하는 날이다.

= [   ] + [   ] + 청소하는
   S   V

2. 나는 환기를 시키려고 창문을 열었다.

= [   ] + [   ] + 창문을 + 시키려고 + 환기를
   S   V

3. 침대를 정리하고, 가구에 먼지부터 털었다.

= [   ] + [   ] + 침대를 + 그리고 + [   ] + [   ] + 가구에
   S   V   S   V

4. 걸레는 빨아서 구석구석 닦았다.

= [   ] + [   ] + 걸레는 + 그리고 + [   ] + [   ] + 구석구석
   S   V   S   V

5. 쓰레기통을 비우고, 쓰레기를 분리수거까지 했다.

= [   ] + [   ] + 쓰레기통을 + 그리고 + [   ] + [   ] + 쓰레기를
   S   V   S   V

보기

S   I / It / Saturdays

V   sorted / are / made / washed / opened / emptied / wiped down / dusted

4단계 문장 다듬기

※ 어휘를 활용해서 문장 완성하기.

1. 토요일은 청소하는 날이다.

= [토요일은] + [날이다] + 청소하는
     S   V

❶ 토요일은 +
날이다

> = Saturdays are
> - 일상적인 매주 토요일을 의미하므로 복수형으로 써주는 것이 자연스럽다. 원래 표현대로 하면 'Saturdays are days' (토요일은 ~하는 날이다)라고 하는 것이 옳으나, 영어 표현에서는 '~날이다'라고 할 때는 굳이 days를 붙이지 않고 'be for~' 즉, '~을 위해 한다'라는 표현으로 사용해도 좋다.

- 청소하는

> = for cleaning - 청소에 맞는, 청소를 위한
> - clean : (명사) 청소, (동사) 청소하다

어순정리 **Saturdays are for cleaning.** [문장1개]

2. 나는 환기를 시키려고 창문을 열었다.

= [나는] + [열었다] + 창문을 + 시키려고 + 환기를
     S   V

❶ 나는 + 열었다

> = I opened
> - 과거형으로 표현한다.

- 창문을

> = the windows

072

- 시키려고

> = to let + 목적어 + in
> - '~을 시켰다'라는 동사는 사역 동사가 아닌 원래 의미의 동사 'let'을 사용하는 것이 적당하다. 'let'에 'in'을 붙이면 '~을 안으로 들어오게 하다'라고 표현할 수 있다. '~하려고'라는 표현은 문장으로 봐서 동사로 표현하지 않고 'to + 동사' 처리해서 '목적'의 의미를 가진 'to부정사' 형태로 사용해 준다.

- 환기를

> = some fresh air
> - 환기라는 의미는 'ventilation'이라는 단어가 있다. 하지만 여기서 말하는 '환기'는 집안 청소를 위해서 창문을 열고 신선한 공기를 들여보내는 것이므로, '기계적인 시스템을 이용' 하는 '환기'가 아닌, 단순히 '신선한 공기'라고 표현해 주는 것이 더 자연스럽다. 'some'은 보통 셀 수 없는 단어 앞에 사용해서 '어느 정도'의 의미를 가진다.

어순 정리 **I opened the windows to let some fresh air in.** [문장1개]

3. 침대를 정리하고, 가구에 먼지부터 털었다.

= [나는] + [정리했다] + 침대를 + 그리고 + [나는] + [먼지부터 털었다] + 가구에
   S   V   S   V

❶ 나는 + 정리했다

> = I made
> - '침대를 정리했다'라는 표현은 'make the bed'라고 한다. 'make'라는 의미는 다양하게 사용되는데 '침대를 만들다' 라고 하기 쉬우나 '침대 자리를 단정히 원래대로 만들다'라는 의미로 보면 된다. 꼭 알아두자.

- 침대를

> = the bed

ⓒ 그리고

= and

**❷ 나는 +
먼지부터 털었다**

= I dusted

- '먼지부터 털었다' 혹은 '먼지를 털다'는 'dust'라는 표현을 쓴다. 'dust'는 명사의 의미도 있으나 뒤에 바로 대상이 목적어로 오면 '~를/에서 먼지를 털다' 의미로 해석해 주면 된다.
- dust : (명사) 먼지, 티끌
           (동사) 먼지를 털다, 닦다

- 가구에

= the furniture

어순 정리 I made the bed and dusted the furniture. [문장2개]

4. 걸레는 빨아서 구석구석 닦았다.

= [나는] + [빨았다] + 걸레는 + 그리고 + [나는] + [닦았다] + 구석구석
     S   V   S   V

❶ 나는 + 빨았다

= I washed

- 보통 청소할 때 '닦다, 빨다'는 'wash'로 사용한다.
- wash : (명사) 씻기, 세탁, 빨래
            (동사) (보통 비누를 써서) 씻다 / 몸을 씻다

- 걸레는

= a rag

ⓒ 그리고

= and

❷ 나는 + 닦았다

= I wiped down
- '먼지나 물기를 닦다, 훔치다'의 표현은 'wipe down'을 사용한다.
- wipe something down : (젖은 걸레나 행주로) ~을 말끔히 닦다.
- wipe : (명사) (걸레를 써서) 닦기, 훔치기
  (동사) (물기등을 걸레로) 닦다, 훔치다

- 구석구석

= every corner

I washed a rag and wiped down every corner. [문장2개]

5. 쓰레기통을 비우고, 쓰레기를 분리수거까지 했다.

= [나는] + [비웠다] + 쓰레기통을 + 그리고 + [나는] + [분리수거까지 했다] + 쓰레기를
  S   V   S   V

❶ 나는 + 비웠다

= I emptied
- '비우다'라는 표현은 'empty'를 사용한다. 해당 단어는 형용사와 동사로 모두 사용 가능함을 주의하자.
- empty : (형용사) 빈, 비어 있는
  (동사) (그릇 등에 든 것을) 비우다

- 쓰레기통을

= the trash can

❷ 그리고

= and

❷ 나는 + 분리수거 까지 했다

= I even sorted

- '분리수거 하다' 혹은 '분류하다'는 'sort'를 사용해서 표현한다.
- sort : (명사) 종류, 부류, 유형
  (동사) 분류하다, 구분하다
- '~까지' 의미의 부사는 'even'가 적당하고, 해당 표현 앞에 붙여주면 된다.

• 쓰레기

= the recycle

- 쓰레기라는 표현은 보통 'the garbage'라고 하지만 여기서는 '분리수거용 쓰레기'를 의미하므로 'the recycle'이라고 표현하는 것이 더 자연스럽다.

어순 정리 **I emptied the trash can and even sorted the recycle.** [문장2개]

5단계 미션클리어

※ 한글 문답을 보고 시간 내에 영어로 말해보기.(20초)

1월 30일 토요일 쌀쌀함

토요일은 청소하는 날이다.

나는 환기를 시키려고 창문을 열었다.

침대를 정리하고, 가구에 있는 먼지부터 털었다.

걸레는 빨아서 구석구석 닦았다.

쓰레기통을 비우고, 쓰레기를 분리수거까지 했다.

Saturday, January 30th chilly

Saturdays are for cleaning.

I opened the windows to let some fresh air in.

I made the bed and dusted the furniture.

I washed a rag and wiped down every corner.

I emptied the trash can, and even sorted the recycle.

오늘의
생활 영어 미션 ⑦

2월 7일 일요일 쾌청

오늘은 2월 첫 번째 일요일이다.

나는 주로 빨래는 일요일마다 몰아서 한다.

빨랫감을 먼저 분류하고, 주머니를 확인한다.

그리고 나서 빨랫감과 세제를 넣고 세탁기를 돌리기만 하면 된다.

빨래가 다 되면, 빨래를 건조대에 걸었다.

※ 동사는 밑줄로 표시하기.

1. 오늘은 2월 첫 번째 일요일이다. (1개)

2. 나는 주로 빨래는 일요일마다 몰아서 한다. (1개)

3. 빨랫감을 먼저 분류하고, 주머니를 확인한다. (2개)

4. 그리고 나서 빨랫감과 세제를 넣고 세탁기를 돌리기만 하면 된다. (2개)

5. 빨래가 다 되면, 빨래를 건조대에 걸었다. (2개)

해답

1. 오늘은 2월 첫 번째 일요일<u>이다</u>. (1개)
2. 나는 주로 빨래는 일요일마다 몰아서 <u>한다</u>. (1개)
3. 빨랫감을 먼저 <u>분류하고</u>, 주머니를 <u>확인한다</u>. (2개)
4. 그리고 나서 빨랫감과 세제를 <u>넣고</u> 세탁기를 <u>돌리기</u>만 하면 된다. (2개)
5. 빨래가 다 <u>되면</u>, 빨래를 건조대에 <u>걸었다</u>. (2개)

※ 주어를 있는대로 찾아보기(숨어있는 주어 포함).

1. 오늘은 2월 첫 번째 일요일<u>이다</u>. (1개)

주어

2. 나는 주로 빨래는 일요일마다 <u>몰아서 한다</u>. (1개)

주어

3. 빨랫감을 먼저 <u>분류하고</u>, 주머니를 <u>확인한다</u>. (2개)

주어

4. 그리고 나서 빨랫감과 세제를 <u>넣고</u> 세탁기를 <u>돌리기만 하면 된다</u>. (2개)

주어

5. 빨래가 <u>다 되면</u>, 빨래를 건조대에 <u>걸었다</u>. (2개)

주어

해답
1. (오늘은) 2월 첫 번째 일요일이다. (1개)
2. (나는) 주로 빨래는 일요일마다 <u>몰아서 한다</u>. (1개)
3. <나는> 빨랫감을 먼저 분류하고, <나는> 주머니를 <u>확인한다</u>. (2개)
4. 그리고 나서 <나는> 빨랫감과 세제를 넣고 <나는> 세탁기를 <u>돌리기만 하면 된다</u>. (2개)
5. (빨래가) <u>다 되면</u>, <나는> 빨래를 건조대에 <u>걸었다</u>. (2개)

＊ 주어 : ( ), 숨은 주어: < >

※ 보기를 이용해 문장을 완성하고, 문장의 구조 파악하기.

1. 오늘은 2월 첫 번째 일요일이다.

= [   ] + [   ] + 2월 첫 번째 일요일
    S   V

2. 나는 주로 빨래는 일요일마다 몰아서 한다.

= [   ] + 주로 + [   ] + 빨래는 + 일요일마다
    S   V

3. 빨랫감을 먼저 분류하고, 주머니를 확인한다.

= 먼저 + [   ] + [   ] + 빨랫감을 + 그리고 + [   ] + [   ] + 주머니를
        S   V   S   V

4. 그리고 나서 빨랫감과 세제를 넣고 세탁기를 돌리기만 하면 된다.

= 그리고 나서 + [   ] + [   ] + 빨랫감과 세제를 + 그리고 + [   ] + [   ] + 세탁
               S   V

기를

5. 빨래가 다 되면, 빨래를 건조대에 걸었다.

= ~한 후에 + [   ] + [   ] + [   ] + [   ] + 빨래를 + 건조대에
         S   V   S   V

보기

S   I / Today / the cycle

V   is / ends / hung / do / sort / check / throw in / only have to turn on

4단계 문장 다듬기

※ 어휘를 활용해서 문장 완성하기.

1. 오늘은 2월 첫 번째 일요일이다.

= [오늘은] + [~이다] + 2월 첫 번째 일요일
   S   V

❶ 오늘은 + ~이다

• 2월 첫 번째 일요일

> = Today is
>
> = the first Sunday of February
> • 첫 번째 일요일은 보통 'the first Sunday'라고 해주면 된다.
> • 앞의 '2월'은 'February'라고 표현할 수 있으며, 풀어서 생각하면, '2월의 첫 번째 일요일'이라는 의미가 되므로, '2월의'를 살려서 구문 뒤에 붙여 'of February'라고 해주면 된다.

어순 정리 **Today is the first Sunday of February.** [문장1개]

2. 나는 주로 빨래는 일요일마다 몰아서 한다.

= [나는] + 주로 + [한다] + 모든 빨래를 + 일요일마다
   S   V

❶ 나는 + ~한다

• 주로

> = I do
> • do the laundry : 빨래를 하다
>
> = usually
> • 보통 일반 동사 앞에 온다.

- 모든 빨래

> **= all my laundry**
> - '몰아서' 한다는 표현을 바꾸어 말하면 '모든 빨래'를 한 번에 한다는 것이다, 따라서 'all'을 사용해서 표현 할 수 있다.

- 일요일마다

> **= every Sunday**
> - 혹은 'on Sundays'라고 해도 무방하다.

어순 정리 **I usually do all my laundry every Sunday.** [문장1개]

3. 빨랫감을 먼저 분류하고, 주머니를 확인한다.

= 먼저 + [나는] + [분류한다] + 빨랫감을 + 그리고 + [나는] + [확인한다] + 주머니를
　　　　　 S　　　　 V　　　　　　　　　　　　　　　 S　　　　 V

- 먼저

> **= First**
> - 부사로 사용되며 주로 문장 앞에 사용한다.

❶ 나는 + 분류한다

> **= I sort**

- 빨랫감을

> **= all my clothes**
> - 여기서 빨랫감은 옷이나 의류를 의미하므로 'clothes'를 사용해서 표현한다. 빨랫감 등 소유가 분명한 사물을 표현할 때에는 앞에 'my'와 같은 소유격을 써주는 것이 좋다. 보통 말할 때, 명사 앞에 정관사 'the'나 부정관사 'a'를 써야 할지 애매할 경우도 앞에 소유격을 붙여주면 자연스럽게 표현할 수 있다.
>
> **= and**

ⓒ 그리고

❷ 나는 + 확인한다

· 주머니를

= I check

= the pockets

First, I sort all my clothes and check the pockets. [문장2개]

4. 그리고 나서 빨랫감과 세제를 넣고 세탁기를 돌리기만 하면 된다.

= 그리고 나서 + [나는] + [넣는다] + 빨랫감과 세제를 + 그리고 + [나는] + [돌리기
$\qquad\qquad\quad$ S $\qquad$ V $\qquad\qquad\qquad\qquad\qquad\qquad\qquad\qquad$ S
만 하면 된다] + 세탁기를
V

ⓒ 그리고 나서

= Then

❶ 나는 + 넣는다

= I throw in
· 세탁기에 빨랫감을 '던져 넣는다'의 의미이므로 'put'보다는 'throw'가 더 잘 어울린다. 세탁기 안에 집어넣는 것이므로 뒤에 'in'을 붙여주는 것이 적당하다.

· 빨랫감과 세제를

= my clothes with some detergent
· 세제는 'detergent'라고 하며 '빨랫감과 세제'는 대등한 관계이기 보다 주된 것과 부속적인 것의 의미가 강하므로 'and'보다는 'with'를 사용하면 좀 더 자연스럽다.
= my clothes and some detergent (X)
= my clothes with some detergent (O)

ⓒ 그리고

> = and

❷ 나는 + 돌리기만
   하면 된다

> = I only have to turn on
> - ~하기만 하면 된다 : have only to = only have to
>   여기서 '돌리다'는 의미는 영어로 '세탁기 전원을 켠다'라는
>   의미로 사용하므로 'turn on'이 적당하다.

• 세탁기를

> = the washing machine

[어순 정리] **Then, I throw in my clothes with some detergent and
only have to turn on the washing machine.** [문장2개]

5. 빨래가 다 되면, 빨래를 건조대에 걸었다.

= ~한 후에 + [빨래가] + [다 되다] + [나는] + [걸었다] + 빨래를 + 건조대에
             S   V   S   V

ⓒ ~한 후에

> = After

❶ 빨래가 + 다 되다

> = the cycle ends
> - 여기서 빨래(clothes)를 주어로 생각하면 의미상 자연스
>   럽지 않다. 흔히 세탁기에서 빨래를 할 때 '세탁 – 헹굼 – 건
>   조'등의 일정한 진행 순서를 거치므로, 빨래가 다 되다'라
>   는 표현은 '세탁기의 일정한 진행 주기가 끝났다'라는 표현
>   으로 바꾸어 말할 수 있다. 따라서 '주기'를 의미하는 'cy-
>   cle'으로 표현하며, '끝나다'는 말 그대로 '프로그램이 끝나
>   다'라는 의미로 'end'를 동사화해서 사용하면 된다.

❷ 나는 + 걸었다

= I hung
- '걸었다' 혹은 '~을 매달다'의 의미로 'hang'이라는 표현을 사용한다.
  (hang – hung – hung)

- 빨래를

= my clothes

- 건조대에

= on the laundry rack

어순 정리 **After the cycle ends, I hung my clothes on the laundry rack.** [문장1개]

5단계 미션클리어

※ 한글 문답을 보고 시간 내에 영어로 말해보기.(20초)

2월 7일 일요일 쾌청

오늘은 2월 첫 번째 일요일이다.

나는 주로 빨래는 일요일마다 몰아서 한다.

빨랫감을 먼저 분류하고, 주머니를 확인한다.

그리고 나서 빨랫감과 세제를 넣고 세탁기를 돌리기만 하면 된다.

빨래가 다 되면, 빨래를 건조대에 걸었다.

Sunday, February 7th sunny

Today is the first Sunday of February.

I usually do all my laundry every Sunday.

First, I sort all my clothes, and check the pockets.

Then, I throw my clothes in with some detergent and only have to turn on the washing machine.

After the cycle ends, I hung my clothes on the laundry rack.

오늘의 생활 영어 미션 ⑧

2월 8일 월요일 몹시 추움

오늘은 수강 신청하려고 일찍 일어났다.

어제 홈페이지에 접속해서 과목을 미리 적어 두었다.

수강 신청할 시간이 됐을 때, 나는 빨리 컴퓨터 앞에 앉았다.

인기 많은 강의는 순식간에 닫힌다.

다행히 내가 원하던 과목은 다 성공했다.

※ 동사는 밑줄로 표시하기.

1. 오늘은 수강 신청하려고 일찍 일어났다.   (1개)

2. 어제 홈페이지에 접속해서 과목을 미리 적어 두었다.   (2개)

3. 수강 신청할 시간이 됐을 때, 나는 빨리 컴퓨터 앞에 앉았다.   (2개)

4. 인기 많은 강의는 순식간에 닫힌다.   (1개)

5. 다행히 내가 원하던 과목은 다 성공했다.   (2개)

해답

1. 오늘은 수강 신청하려고 일찍 <u>일어났다</u>.   (1개)
2. 어제 홈페이지에 <u>접속해서</u> 과목을 미리 <u>적어</u> 두었다.   (2개)
3. 수강 신청할 시간이 <u>됐을</u> 때, 나는 빨리 컴퓨터 앞에 <u>앉았다</u>. (2개)
4. 인기 많은 강의는 순식간에 <u>닫힌다</u>.   (1개)
5. 다행히 내가 <u>원하던</u> 과목은 다 <u>성공했다</u>.   (2개)

※ 주어를 있는대로 찾아보기(숨어있는 주어 포함).

1. 오늘은 수강 신청하려고 일찍 일어났다. (1개)

주어

2. 어제 홈페이지에 접속해서 과목을 미리 적어 두었다. (2개)

주어

3. 수강 신청할 시간이 됐을 때, 나는 빨리 컴퓨터 앞에 앉았다. (2개)

주어

4. 인기 많은 강의는 순식간에 닫힌다. (1개)

주어

5. 다행히 내가 원하던 과목은 다 성공했다. (2개)

주어

해답		
	1. <나는> 오늘은 수강 신청하려고 일찍 일어났다.	(1개)
	2. 어제 <나는> 홈페이지에 접속해서 <나는> 과목을 미리 적어 두었다.	(2개)
	3. <가주어> 수강 신청할 시간이 됐을 때, (나는) 빨리 컴퓨터 앞에 앉았다.	(2개)
	4. 인기 많은 (강의는) 순식간에 닫힌다.	(1개)
	5. 다행히 (내가) 원하던 과목은 <나는> 다 성공했다.	(2개)

* 주어 : ( ), 숨은 주어: < >

3단계   문장 구조 파악하기

※ 보기를 이용해 문장을 완성하고, 문장의 구조 파악하기.

1. 오늘은 수강 신청하려고 일찍 일어났다.

= [   ] + [   ] + 일찍 + 오늘은 + 수강신청 하려고
　　 S　　　　 V

2. 어제 홈페이지에 접속해서 과목을 미리 적어 두었다.

= 어제 + [   ] + [   ] + 홈페이지에 + 그리고 + [   ] + [   ] + 과목을 + 미리
　　　　 S　　　　 V　　　　　　　　　　　　 S　　　　 V

3. 수강 신청할 시간이 됐을 때, 나는 빨리 컴퓨터 앞에 앉았다.

= ~ 때 + [   ] + [   ] + 수강 신청할 + [   ] + [   ] + 컴퓨터 앞에
　　　　 S　　　　 V　　　　　　　　　　 S　　　　 V

4. 인기 많은 강의는 순식간에 닫힌다.

= [   ] + [   ] + 순식간에
　 S　　　　 V

5. 다행히 내가 원하던 과목은 다 성공했다.

= 다행히 + [   ] + [   ] + 과목은 + [   ] + [   ]
　　　　 S　　　　 V　　　　　　　　 S　　　　 V

<u>S</u>　 I / It / The popular lectures

<u>V</u>　 filled up / came time / took note of / rushed to sit down / got into / wanted /
logged into / woke up

4단계 문장 다듬기

※ 어휘를 활용해서 문장 완성하기.

1. 오늘은 수강 신청하려고 일찍 일어났다.

= [나는] + [일어났다] + 일찍 + 오늘은 + 수강신청 하려고
    S   V

❶ 나는 + 일어났다

= I woke up
- wake up : 일어나다, 잠에서 깨다
  (wake up – woke up – woke up)

- 오늘은 일찍

= early today

- 수강신청하려고

= to register for classes
- '~하려고'의 의미이므로 마찬가지로 목적의 의미의 'to + 동사원형'의 형태를 취한다.
- 수강신청은 보통 수강 과목 등록을 하는 의미이므로 'register'을 사용한다.
- register for ~ : ~ 과목을 등록하다, 수강 신청을 하다.

어순 정리   **I woke up early today to register for classes.** [문장1개]

2. 어제 홈페이지에 접속해서 과목을 미리 적어 두었다.

= 어제 + [나는] + [접속했다] + 홈페이지에 + 그리고 + [나는] + [적어두었다] + 과
S   V   S   V
목을 + 미리

- 어제

> = Yesterday

❶ **나는 + 접속했다**

> = I logged into
> - 홈페이지 등에 접속하는 걸 'log'라고 표현한다.
> - log in : 접속하다.
> - log into ~ : ~에 접속하다

- 홈페이지

> = the homepage

ⓒ **그리고**

> = and

❷ **나는 +
적어두었다**

> = I took a note of
> - '메모해 두다, 적어 두다'는 'take note of'로 표현한다.
>   take note of ~ : ~을 적어 놓다.

- 과목을

> = the subjects

- 미리

> = in advance

어순 정리 **Yesterday, I logged into the homepage and took
note of the subjects in advance.** [문장2개]

3. 수강 신청할 시간이 됐을 때, 나는 빨리 컴퓨터 앞에 앉았다.

= ~ 때 + [가주어] + [~됐다] + 수강 신청할 시간이, [나는] + [앉았다] + 컴퓨터 앞에
　　　　　S　　　　 V　　　　　　　　　　　　　　　　　 S　　 V

© **~ 때**

> = When

❶ **가주어 +**
시간이 됐다

> = it came time
> • 가주어는 주로 it을 사용하고, '시간이 됐다'에서는 존재를 의미하는 be동사를 사용하는 것보다, '시간이 왔다'라는 표현이 더 적당하므로 'come'동사를 사용해준다.

• 수강 신청 할

> = to register

❷ **나는 +**
[빨리] 앉았다

> = I rushed to sit down
> • 보통 '앉았다'라는 의미는 'sit down'을 사용하지만, 여기서는 '서둘러서 컴퓨터 앞에 빨리 앉았다'라는 의미를 반영해서 'rush to sit down'으로 표현하면 좀 더 의미를 살릴 수 있다.
> • rush : 급히 움직이다, 서두르다.
> • rush to ~ : ~ 하러 급하게 움직이다, 가다
> • rush to sit down : 급하게 앉다.

• 컴퓨터 앞에

> = in front of my computer
> • in front of ~ : ~ 앞에

어순 정리 **When it came time to register, I rushed to sit down in front of my computer.** [문장2개]

4. 인기 많은 강의는 순식간에 닫힌다.

= [인기 많은 강의는] + [닫혔다] + 순식간에
　　　　　　S　　　　　　　V

❶ 인기 많은 강의는 + 닫혔다

> = The popular lectures filled up
> - '닫혔다'가 단순히 물리적인 'close'가 아니라, 여기서는 수강 신청이 '다 찼다'라는 의미에 더 가깝다. 'fill up'을 사용하자.
> - popular : 인기 많은
> - fill up : (동사) 가득 차다, 가득 채우다

- 순식간에

> = in a flash
> - flash : (동사) 잠깐 순간 비추다
> 　　　　 (명사) 섬광, 번쩍임

어순 정리 **The popular lectures filled up in a flash.** [문장1개]

5. 다행히 내가 원하던 과목은 다 성공했다.

= 다행히 + [내가] + [성공했다] + 과목은 + [내가] + [원했다]
　　　　　　S　　　　V　　　　　　　　　S　　　　V

- 다행히

> = Luckily

❶ 내가 + 성공했다

> = I got into
> - 여기서의 '성공하다'는 '성공' 그 자체의 의미, 즉 'succeed'보다 '수강 신청을 (성공)했다'라는 의미이므로 'get into'라는 표현으로 알아두자.

- 과목은 다

= all of the classes
- '모든 과목'을 의미하므로 'all of the classes'로 표현하자.

❷ 내가 + 원하던

= that I wanted (여기서 that은 생략 가능)
- 앞의 단어를 꾸며주는 형용사절로 사용되었다.

어순 정리 **Luckily, I got into all of the classes I wanted.** [문장2개]

5단계 미션클리어

※ 한글 문답을 보고 시간 내에 영어로 말해보기.(20초)

Korean ver.

2월 8일 월요일 몹시 추움

오늘은 수강 신청하려고 일찍 일어났다.

어제 홈페이지에 접속해서 과목을 미리 적어 두었다.

수강 신청할 시간이 됐을 때, 나는 빨리 컴퓨터 앞에 앉았다.

인기 많은 강의는 순식간에 닫힌다.

다행히 내가 원하던 과목은 다 성공했다.

English ver.

Monday, February 8th frosty

I woke up early today to register for classes.

Yesterday, I logged into the homepage and took a note of the subjects in advance.

When it came time to register, I rushed to sit down in front of my computer.

The popular lectures filled up in a flash.

Luckily, I got into all of the classes I wanted.

오늘의
생활 영어 미션 ⑨

2월 22일 월요일 구름

드디어 학기가 시작이다.

나는 알람을 맞춰 놓아서 제 시간에 일어났다.

그래서 8시 첫 수업에 조금 빨리 도착했다.

교수님은 출석체크를 하고 마지막 학기 수업을 시작했다.

열심히 해서 A학점을 받아야지!

※ 동사는 밑줄로 표시하기.

1. 드디어 학기가 시작이다. (1개)

2. 나는 알람을 맞춰 놓아서 제 시간에 일어났다. (2개)

3. 그래서 8시 첫 수업에 조금 빨리 도착했다. (1개)

4. 교수님은 출석체크를 하고 마지막 학기 수업을 시작했다. (2개)

5. 열심히 해서 A학점을 받아야지! (2개)

해답

1. 드디어 학기가 <u>시작이다</u>. (1개)
2. 나는 알람을 <u>맞춰 놓아서</u> 제 시간에 <u>일어났다</u>. (2개)
3. 그래서 8시 첫 수업에 조금 빨리 <u>도착했다</u>. (1개)
4. 교수님은 출석체크를 <u>하고</u> 마지막 학기 수업을 <u>시작했다</u>. (2개)
5. 열심히 <u>해서</u> A학점을 <u>받아야지</u>! (2개)

※ 주어를 있는대로 찾아보기(숨어있는 주어 포함).

1. 드디어 학기가 <u>시작이다</u>. (1개)

`주어`

2. 나는 알람을 <u>맞춰 놓아서</u> 제 시간에 <u>일어났다</u>. (2개)

`주어`

3. 그래서 8시 첫 수업에 조금 빨리 <u>도착했다</u>. (1개)

`주어`

4. 교수님은 <u>출석체크를</u> 하고 마지막 학기 수업을 <u>시작했다</u>. (2개)

`주어`

5. 열심히 <u>해서</u> A학점을 <u>받아야지</u>! (2개)

`주어`

※ 보기를 이용해 문장을 완성하고, 문장의 구조 파악하기.

1. 드디어 학기가 시작이다.

= [   ] + [   ] + 드디어
    S   V

2. 나는 알람을 맞춰 놓아서 제 시간에 일어났다.

= [   ] + [   ] + 알람을 + 그리고 + [   ] + [   ] + 제 시간에
    S   V   S   V

3. 그래서 8시 첫 수업에 조금 빨리 도착했다.

= 그래서 + [   ] + [   ] + 조금 빨리 + 8시 첫 수업에
              S   V

4. 교수님은 출석체크를 하고 마지막 학기 수업을 시작했다.

= [   ] + [   ] + 그리고 + [   ] + [   ] + 마지막 학기 수업을
    S   V   S   V

5. 열심히 해서 A학점을 받아야지!

= [   ] + [   ] + 열심히 + 그리고 + [   ] + [   ] + A 학점을
    S   V   S   V

S   I / Classes / The professor

V   am going to work / arrived / woke up / began / took attendance / set / have started / earn

문장 다듬기

※ 어휘를 활용해서 문장 완성하기.

1. 드디어 학기가 시작이다.

= [학기가] + [시작이다] + 드디어
　　 S　　　　　 V

❶ **학기가 + 시작이다**

· 드디어

> = Classes have started
>
> = finally
> · 문장 앞이나 보통 have + p.p가 오면 have와 p.p 사이에
>   위치한다.

어순 정리 Classes have finally started. [문장1개]

2. 나는 알람을 맞춰 놓아서 제 시간에 일어났다.

= [나는] + [맞춰 놓았다] + 알람을 + 그리고 + [나는] + [일어났다] + 제 시간에
　　 S　　　　 V　　　　　　　　　　　　　　 S　　　　 V

❶ **나는 +**
   맞춰 놓았다

· 알람을

> = I set
>
> = my alarm

ⓒ **그리고**

> = and

❷ 나는 + 일어났다

= I woke up

• 제 시간에

= in time

어순 정리 **I set my alarm and woke up in time.** [문장2개]

3. 그래서 8시 첫 수업에 조금 빨리 도착했다.

= 그래서 + [나는] + [도착했다] + 조금 빨리 + 8시 첫 수업에

               S   V

ⓒ 그래서

= So

❶ 나는 + 도착했다

= I arrived

• 조금 빨리

= a little early

• 8시 첫 수업에

= for my first 8 a.m. lecture

어순 정리 **So I arrived a little early for my first 8 a.m. lecture.**
[문장1개]

4. 교수님은 출석체크를 하고 마지막 학기 수업을 시작했다.

= [교수님은] + [출석체크를 했다] + 그리고 + [교수님은] + [시작했다] + 마지막 학
    S   V   S   V

기 수업을

**❶ 교수님은 +
출석체크를 했다**

= The professor took attendance
- '출석체크를 하다, 출석 확인을 하다' 의미는 'take attendance'로 표현한다.

ⓒ 그리고

= and

**❷ 교수님은 +
시작했다**

- 마지막 학기 수업을

= The professor began

= the first class of our last term
- the last term : 마지막 학기

어순 정리 The professor took attendance and began the first class of our last term. [문장2개]

5. 열심히 해서 A학점을 받아야지!

= [나는] + [할 것이다] + 열심히 + 그리고 + [나는] + [받아야지] + A 학점을
    S   V   S   V

❶ 나는 + ~할 것이다

= I am going to work
- '열심히 하겠다'는 각오이므로 미래형으로 표현한다. 학교 이므로 '공부하겠다', 혹은 '노력하겠다' 모두 포함하는 단 어로 'work'라는 단어를 사용한다.
- 구체적인 계획이나 미래에 대한 굳은 각오를 다지는 표현 이므로 'will'보다는 'be going to'가 적당하다.

- 열심히

= hard
- work hard : 열심히 일하다/ 노력하다/ 공부하다

Ⓒ 그리고

= and

❷ 나는 + 받아야지

= I'm going to earn
- '학점을 받다'라는 상황이므로 '얻다. 획득하다'라는 의미의 'earn'을 사용한다.
- earn an A : A 학점을 받다.

- A학점

= an A

어순 정리 I'm going to work hard and I'm going to earn an A! [문장2개]

문장을 더 줄여보자

> = I'm going to work hard and earn an A!
> 두 문장 모두 앞 뒤로 'I'm going to'가 중복이므로 뒤 문장의
> 표현은 생략해도 좋다.

어순 정리 **I'm going to work hard and earn an A!** [문장2개]

5단계 미션클리어

※ 한글 문답을 보고 시간 내에 영어로 말해보기.(20초)

Korean ver.

2월 22일 월요일 구름

드디어 학기가 시작이다.

나는 알람을 맞춰 놓아서 제 시간에 일어났다.

그래서 8시 첫 수업에 조금 빨리 도착했다.

교수님은 출석체크를 하고 마지막 학기 수업을 시작했다.

열심히 해서 A학점을 받아야지!

English ver.

Monday, February 22nd cloudy

Classes have finally started.

I set my alarm and woke up in time.

So I arrived a little early for my first 8 a.m. lecture.

The professor took attendance and began the first class of our last term.

I'm going to work hard and earn an A!

오늘의
생활 영어 미션 ⑩

2월 26일 금요일 바람

우리 팀 두 번째 과제를 오늘 제출하는 날이다.

교수님이 나보고 과제를 발표하라고 하셨다.

긴장을 많이 해서 그런지, 뭐라고 말했는지 기억이 하나도 안 났다.

하지만, 과제 발표는 반응이 좋아 보였다.

교수님도 good job이라고 말했다.

※ 동사는 밑줄로 표시하기.

1. 우리 팀 두 번째 과제를 오늘 제출하는 날이다.   (1개)

2. 교수님이 나보고 과제를 발표하라고 하셨다.   (1개)

3. 긴장을 많이 해서 그런지, 뭐라고 말했는지 기억이 하나도 안 났다.   (3개)

4. 하지만, 과제 발표는 반응이 좋아 보였다.   (1개)

5. 교수님도 good job이라고 말했다.   (1개)

해답

1. 우리 팀 두 번째 과제를 오늘 <u>제출하는</u> 날이다.   (1개)

2. 교수님이 나보고 과제를 <u>발표하라고</u> 하셨다.   (1개)

3. <u>긴장을</u> 많이 해서 그런지, 뭐라고 <u>말했는지</u> 기억이 하나도 <u>안 났다.</u>   (3개)

4. 하지만, 과제 발표는 반응이 <u>좋아 보였다.</u>   (1개)

5. 교수님도 good job이라고 <u>말했다.</u>   (1개)

2단계   주어 찾기

※ 주어를 있는대로 찾아보기(숨어있는 주어 포함).

1. 우리 팀 두 번째 과제를 오늘 <u>제출하는 날이다.</u> (1개)

`주어`

2. 교수님이 나보고 과제를 발표<u>하라고 하셨다.</u> (1개)

`주어`

3. <u>긴장을 많이 해서 그런지</u>, 뭐라고 <u>말했는지</u> <u>기억이 하나도 안 났다.</u> (3개)

`주어`

4. 하지만, 과제 발표는 <u>반응이 좋아 보였다.</u> (1개)

`주어`

5. 교수님도 good job이라고 <u>말했다.</u> (1개)

`주어`

해답

1. (우리 팀 두 번째 과제를) 오늘 <u>제출하는 날이다.</u> (1개)
2. (교수님이) 나보고 과제를 발표<u>하라고 하셨다.</u> (1개)
3. <내가> <u>긴장을 많이 해서 그런지</u>, <내가> 뭐라고 <u>말했는지</u> <나는> <u>기억이 하나도 안 났다.</u> (3개)
4. 하지만, (과제 발표는) <u>반응이 좋아 보였다.</u> (1개)
5. (교수님도) good job이라고 <u>말했다.</u> (1개)

• 주어 : ( ), 숨은 주어: < >

※ 보기를 이용해 문장을 완성하고, 문장의 구조 파악하기.

1.   우리 팀 두 번째 과제를 오늘 제출하는 날이다.

= [   ] + [   ] + 오늘
    S   V

2.   교수님이 나보고 과제를 발표하라고 하셨다.

= [   ] + [   ] + 나보고 + 발표하라고 + 과제를
    S   V

3.   긴장을 많이 해서 그런지, 뭐라고 말했는지 기억이 하나도 안 났다.

= [   ] + [   ] + 왜냐하면 + [   ] + [   ] + 뭐라고 + [   ] + [   ]
    S   V   S   V   S   V

4. 하지만, 과제 발표는 반응이 좋아 보였다.

=하지만 + [   ] + [   ] + 반응이 좋은
            S   V

5.   교수님도 good job이라고 말했다.

= [   ] + 또한 + [   ] + goob job 이라고
    S   V

S   I / The professor / My presentation / Our second team-project

V   said / seemed to be / is due / must have been really nervous / don't remember / asked

※ 어휘를 활용해서 문장 완성하기.

1. 우리 팀 두 번째 과제를 오늘 제출하는 날이다.

= [우리 팀 두 번째 과제를] + [제출하는 날이다] + 오늘
　　　　　　S　　　　　　　　　　　V

❶ 우리 팀 두 번째 과제를 + 제출하는 날이다

= Our second team-project is due

주의 '과제를'이라고 해서 목적어로 볼수 있다. '우리가 과제를 제출하다'로 볼 수도 있으나, '제출하는 날이다', '마감하는 날이다' 같은 표현을 사용할 때 표현이 'be due'라는 표현을 주로 많이 쓴다. 이 동사일때는 '~이 마감이다'라는 순서로 쓰게 되므로 주로 제출해야 되는 사물이 주어로 쓰인다.

due : (형용사) ~하기로 되어 있는, 예정된 (주로 앞에 'be'동사를 사용한다.)

· 오늘

= today

어순 정리 **Our second team-project is due today.** [문장1개]

2. 교수님이 나보고 과제를 발표 하라고 하셨다.

= [교수님이] + [~하라고 하셨다] + 나보고 + 발표하라고 + 과제를
　　　S　　　　　　　V

❶ 교수님이 + ~하라고 하셨다

= The professor asked

· '~하라고 했다'라는 표현은 'tell' 혹은 'ask'를 사용한다.

· 나보고

= me(목적형)

112

- 발표하라고

> = to give a presentation on~
> - give a presentation on~ : ~에 대해 발표하다

- 과제를

> = our project

어순 정리 **The professor asked me to give a presentation on our project.** [문장1개]

3. 긴장을 많이 해서 그런지, 뭐라고 말했는지 기억이 하나도 안 났다.

= [내가] + [긴장을 많이 했나보다] + 왜냐하면 + [나는] + [기억이 하나도 안 났다]
    S   V   S   V
+ 뭐라고 + [내가] + [말했다]
            S   V

❶ 내가 + 긴장을 많이 했나 보다

> = I must have been really nervous
> - '~해서 그런지'는 추측의 의미가 강한 표현이다. '왜냐하면 나는 기억이 하나도 나지 않았기 때문이다'라고 해석할 수 있다. '~였음에 틀림없다' 과거에 대한 강한 추측은 보통 'must have been' 표현을 사용한다. 내가 정말 긴장을 많이 했나 보다/ 했음에 틀림없다 : I must have been really nervous.

ⓒ 왜냐하면

> = because

❷ 나는 + 기억이 하나도 안 났다

> = I didn't remember

- 뭐라고(아무 것도)

> = anything

❸ 내가 말했다

> = (that) I said (that은 생략 가능)

I must have been really nervous, because I didn't remember anything I said. [문장2개]

4. 하지만, 과제 발표는 반응이 좋아 보였다.

= 하지만 + [과제 발표는] + [보였다] + 반응이 좋아
　　　　　　　S　　　　　　　V

ⓒ **그러나**　　　　　　= But

❶ **과제 발표는 +**　　　= my presentation seemed to be
　보였다　　　　　　· 보였다 : '~처럼 보였다'라는 의미로 'seem to'를 사용한다.

　· 반응이 좋은　　　　= well received
　　　　　　　　　　· '반응이 좋다'는 '잘 받아들여졌다'라는 의미로 해석 가능하다.

But my presentation seemed to be well received.
[문장1개]

5. 교수님도 good job이라고 말했다

= [교수님은] + 또한 + [말했다] + goob job이라고
　　　S　　　　　　　　V

❶ **교수님은 + 또한**　　= The professor also said
+ 말했다

　· good job이라고　　= fantastic job to us

The professor also said fantastic job to us. [문장1개]

5단계 미션클리어

※ 한글 문답을 보고 시간 내에 영어로 말해보기.(20초)

2월 26일 금요일 바람

우리 팀 두 번째 과제를 오늘 제출하는 날이다.

교수님이 나보고 과제를 발표하라고 하셨다.

긴장을 많이 해서 그런지, 뭐라고 말했는지 기억이 하나도 안 났다.

하지만, 과제 발표는 반응이 좋아 보였다.

교수님도 good job이라고 말했다

Friday, February 26th windy

Our second team-project is due today.

The professor asked me to give a presentation on our project.

I must have been really nervous, because I don't remember anything I said.

But my presentation seemed to be well received.

The professor also said fantastic job to us.

오늘의
생활 영어 미션 ⑪

3월 11일 목요일 몹시 추움

내일은 첫 퀴즈가 있는 날이다.

나는 오늘 오전 8시부터 도서관에 갔다.

3월에는 항상 도서관이 붐빈다.

좋은 성적을 바라지만, 공부할 분량이 많아 잘 모르겠다.

사실, 과락만 안 했으면 좋겠다고 생각한다.

1단계 동사 찾기

※ 동사는 밑줄로 표시하기.

1. 내일은 첫 퀴즈가 있는 날이다. (1개)

2. 나는 오늘 오전 8시부터 도서관에 갔다. (1개)

3. 3월에는 항상 도서관이 붐빈다. (1개)

4. 좋은 성적을 바라지만, 공부할 분량이 많아 잘 모르겠다. (3개)

5. 사실, 과락만 안 했으면 좋겠다고 생각한다. (2개)

해답

1. 내일은 첫 퀴즈가 <u>있는</u> 날이다. (1개)

2. 나는 오늘 오전 8시부터 도서관에 <u>갔다</u>. (1개)

3. 3월에는 항상 도서관이 <u>붐빈다</u>. (1개)

4. 좋은 성적을 <u>바라지만</u>, <u>공부할</u> 분량이 많아 잘 <u>모르겠다</u>. (3개)

5. 사실, 과락만 <u>안 했으면</u> 좋겠다고 <u>생각한다</u>. (2개)

※ 주어를 있는대로 찾아보기(숨어있는 주어 포함).

1. 내일은 첫 퀴즈가 있는 <u>날이다</u>.   (1개)

`주어`

2. 나는 오늘 오전 8시부터 도서관에 <u>갔다</u>.   (1개)

`주어`

3. 3월에는 항상 도서관이 <u>붐빈다</u>.   (1개)

`주어`

4. 좋은 성적을 <u>바라지만</u>, 공부할 분량이 <u>많아</u> 잘 <u>모르겠다</u>.   (3개)

`주어`

5. 사실, 과락만 안 <u>했으면</u> <u>좋겠다고</u> 생각한다.   (2개)

`주어`

해답		
	1. (내일은) 첫 퀴즈가 있는 <u>날이다</u>.	(1개)
	2. (나는) 오늘 오전 8시부터 도서관에 <u>갔다</u>.	(1개)
	3. 3월에는 항상 (도서관이) <u>붐빈다</u>.	(1개)
	4. <나는> 좋은 성적을 <u>바라지만</u>, (공부할 분량이) <u>많아</u> <나는> 잘 <u>모르겠다</u>.	(3개)
	5. 사실, <내가> 과락만 안 <u>했으면</u> <나는> <u>좋겠다고</u> 생각한다.	(2개)

＊주어 : ( ), 숨은 주어: < >

※ 보기를 이용해 문장을 완성하고, 문장의 구조 파악하기.

1. 내일은 첫 퀴즈가 있는 날이다.

= [   ] + [   ] + 첫 퀴즈가 있는 날
   S   V

2. 나는 오늘 오전 8시부터 도서관에 갔다.

= [   ] + [   ] + 도서관에 + 오늘 오전 8시부터
   S   V

3. 3월에는 항상 도서관이 붐빈다.

= [   ] + [   ] + 항상 + 3월에는
   S   V

4. 좋은 성적을 바라지만, 공부할 분량이 많아 잘 모르겠다.

= [   ] + [   ] + 좋은 성적을 + 그러나 + [   ] + [   ] + 그래서 + [   ] +
   S   V   S   V   S

[   ]
 V

5. 사실, 과락만 안 했으면 좋겠다고 생각한다.

= 사실, + [   ] + [   ] + [   ] + [   ]
         S   V   S   V

보기	
S	I / It / a lot of material to cover / Tomorrow
V	is / wish / is crowded / hope / have been / there's / am not sure / don't fail

4단계 문장 다듬기

※ 어휘를 활용해서 문장 완성하기.

1. 내일은 첫 퀴즈가 있는 날이다.

= [내일은] + [있다] + 첫 퀴즈가 있는 날
　　S　　　　V

❶ 내일은 + ~ 있다 | = Tomorrow is ~

· 첫 퀴즈가 있는 | = our first quiz date
· 보통 소유격(our) 등을 나타내 주는 것이 좋다.

어순 정리 **Tomorrow is our first quiz date.** [문장1개]

2. 나는 오늘 오전 8시부터 도서관에 갔다.

= [나는] + [갔다] + 도서관에 + 오늘 오전 8시부터
　　S　　　V

❶ 나는 + 갔다

= I have been
· '갔다'는 보통 'go'라고 표현한다. 하지만 문맥상 단순히 A에서 B로 '갔다'라는 행위로 끝나는 것이 아니고, 도서관에 가서 하루 동안 그 안에서 일어나는 일에 중점을 두었으므로, 단순히 '갔다'라는 결과적인 표현보다는 그 안에 가서 쭉 이루어진 '경험'에 초점을 둬서 'be'동사를 사용하는 것이 맞다. 특히 뒤에 이어지는 표현이 '오늘 오전 8시부터'이므로, 이럴 경우 주로 'since'를 사용하게 되는데, 'since'는

120

	의미상 어떤 기점을 기준으로 '~쭉 계속 되다'를 뜻하므로 'have been' 완료 형태로 사용하는 것이 적합하다.
• 도서관에	**= in the library** • 앞에 동사가 'be' 동사가 오므로 '도서관를 향해서 가다'라는 의미로 도서관 단어 앞에 'to'보다는 '도서관에 있었다'라는 의미로 'in'을 써주는 것이 더 자연스럽다.
• 오전 8시부터	**= since 8 a.m. in the morning** • '부터' 의미는 'since'를 사용하며, 항상 '완료형'과 함께 한다.

어순 정리 **I have been in the library since 8 a.m. in the morning.** [문장1개]

3. 3월에는 항상 도서관이 붐빈다.

= [도서관이] + [붐빈다] + 항상 + 3월에는
　　　 S 　　　　 V

❶ **도서관이 +
붐빈다**

	= It is crowded • '붐비다'라는 표현은 'be crowded', 수동 형태로 사용한다. = The library is crowded, cf) crowd : 가득매우다. • 여기서 주의할 점은 보통 앞의 문장에서 'the library'라는 단어가 나왔으므로 중복을 피하기 위해서 되도록 'it'으로 대체해 준다.
• 항상	**= always** • 부사로서 보통 일반 동사 앞이나 'be' 동사 뒤에 사용한다.
• 3월에는	**= in March**

4. 좋은 성적을 바라지만, 공부할 분량이 많아 잘 모르겠다.

= [나는] + [바란다] + 좋은 성적을 + 그러나 + [공부할 분량이] + [많다] + 그래서 +
   S   V   S   V

[나는] + [잘 모르겠다]
   S   V

❶ **나는 + 바란다**

> **= I hope**
> - '~을 바란다'는 보통 'hope'을 사용하며, 주로 'for'와 함께 한다.

- 좋은 성적을

> **= for a good grade**
> - grade : 성적

ⓒ **그러나**

> **= but**

❷ **공부할 분량이 + 많다**

> **= There's a lot of material to cover**
> - There's a lot of : 많다
>   '많다'라는 의미를 표현하는 많은 단어가 있겠으나, 보통은 'there're many/much/a lot of + 명사' 구문을 생각할 수 있다. 뒤의 명사가 셀 수 있는 명사인지 셀 수 없는 명사인지에 따라 'many' 혹은 'much'를 사용할 수 있다. 그에 반해 'a lot of'는 뒤에 어떠한 명사가 와도 상관없이 사용할 수 있다.

- material : 분량이
- to cover : 공부할

　'~할'이라는 표현이므로 'to부정사'를 이용하고, '공부하다'는 'study' 단어도 좋지만, 한국어에서도 "시험 범위가 많아 '커버'해야 하는 분량이 많다"라고 말하듯이, 영어로도 'cover'의 사용도 고려해 볼 만하다.

ⓒ **그래서**

= so

❸ **나는 +**
잘 모르겠다

= I'm not sure
- 여기서 '잘 모르겠다'의 의미는 무엇을 '알고 있지 않다'는 것보다, '확실하지 않다'라는 표현에 더 가깝다.

어순 정리　**I hope for a good grade, but there's a lot of material to cover, so I'm not sure.** [문장3개]

5. 사실, 과락만 안 했으면 좋겠다고 생각한다.

= 사실, + [나는] + [좋겠다고 생각한다] + [나는] + [과락만 안하다]
　　　　　S　　　　 V　　　　　　　 S　　　　V

- 사실,

= Actually,

❶ **나는 + 좋겠다고**
생각한다

= I just wish (that)
- '~를 바란다'는 의미이므로 'wish'라는 표현을 사용하면 되며, 뒤에는 'that'절을 사용해도 자연스러우며, 앞에서 '과

락만 안 했으면'이라는 의미가 있으므로 '~만 안 했으면'의 의미를 강조해 주기 위해 'just'를 동사에 붙여주면 더 자연스럽다.

ⓒ ~을

= that

❷ 나는 +
과락만 안 하다

= I don't fail
- '과락'은 보통 어떤 기준에 통과를 하느냐 실패하느냐의 의미이므로 '과락하다'일 때는 늘 'fail'이라는 단어를 사용한다.

(어순 정리) **Actually, I just wish that I don't fail.** [문장2개]

5단계 미션클리어

※ 한글 문답을 보고 시간 내에 영어로 말해보기.(20초)

Korean ver.

3월 11일 목요일 몹시 추움

내일은 첫 퀴즈가 있는 날이다.

나는 오늘 오전 8시부터 도서관에 갔다.

3월에는 항상 도서관이 붐빈다.

좋은 성적을 바라지만, 공부할 분량이 많아 잘 모르겠다.

사실, 과락만 안 했으면 좋겠다고 생각한다.

English ver.

Thursday, March 11th frosty

Tomorrow is our first quiz date.

I've been in the library since 8 A.M in the morning.

It's always crowded in March.

I hope for a good grade, but there's a lot of material to cover, so I'm not sure.

Actually, I just wish that I don't fail.

오늘의
생활 영어 미션 ⑫

3월 19일 금요일 온화함

오늘은 시내에서 친구를 만나기로 했다.

날씨가 너무 좋아 지하철 대신, 버스를 타고 갔다.

버스 노선을 아직 잘 몰라서 버스 스케줄을 미리 확인했다.

버스에는 승객이 많아 앉을 자리가 없었다.

다행스럽게도 제 시간에 도착했다.

동사 찾기

※ 동사는 <u>밑줄</u>로 표시하기.

1. 오늘은 시내에서 친구를 만나기로 했다. (1개)

2. 날씨가 너무 좋아 지하철 대신, 버스를 타고 갔다. (2개)

3. 버스 노선을 아직 잘 몰라서 버스 스케줄을 미리 확인했다. (2개)

4. 버스에는 승객이 많아 앉을 자리가 없었다. (2개)

5. 다행스럽게도 제 시간에 도착했다. (1개)

해답

1. 오늘은 시내에서 친구를 <u>만나기</u>로 <u>했다</u>. (1개)

2. 날씨가 너무 <u>좋아</u> 지하철 대신, 버스를 <u>타고</u> <u>갔다</u>. (2개)

3. 버스 노선을 아직 잘 <u>몰라서</u> 버스 스케줄을 미리 <u>확인했다</u>. (2개)

4. 버스에는 승객이 <u>많아</u> <u>앉을</u> 자리가 <u>없었다</u>. (2개)

5. 다행스럽게도 제 시간에 <u>도착했다</u>. (1개)

2단계 주어 찾기

※ 주어를 있는대로 찾아보기(숨어있는 주어 포함).

1. 오늘은 시내에서 친구를 만나<u>기로 했다</u>. (1개)

`주어`

2. 날씨가 너무 <u>좋아</u> 지하철 대신, 버스를 타고 <u>갔다</u>. (2개)

`주어`

3. 버스 노선을 아직 잘 <u>몰라서</u> 버스 스케줄을 미리 <u>확인했다</u>. (2개)

`주어`

4. 버스에는 승객이 <u>많아</u> 앉을 자리가 <u>없었다</u>. (2개)

`주어`

5. 다행스럽게도 제 시간에 <u>도착했다</u>. (1개)

`주어`

해답

1. 오늘은 <내가> 시내에서 친구를 만나<u>기로 했다</u>. (1개)
2. (날씨가) 너무 <u>좋아</u> <나는> 지하철 대신, 버스를 타고 <u>갔다</u>. (2개)
3. <나는> 버스 노선을 아직 잘 <u>몰라서</u> <나는> 버스 스케줄을 미리 <u>확인했다</u>. (2개)
4. 버스에는 (승객이) <u>많아</u> (앉을 자리가) <u>없었다</u>. (2개)
5. 다행스럽게도 <나는> 제 시간에 <u>도착했다</u>. (1개)

* 주어 : ( ), 숨은 주어: < >

3단계 　**문장 구조 파악하기**

※ 보기를 이용해 문장을 완성하고, 문장의 구조 파악하기.

1. 오늘은 시내에서 친구를 만나기로 했다.

= 오늘은 + [   ] + [   ] + 만나기로 + 친구를 + 시내에서
　　　　　　S　　　　　　V

2. 날씨가 너무 좋아 지하철 대신, 버스를 타고 갔다.

= [   ] + [   ] + 버스를 + 지하철 대신 + 왜냐하면 + [   ] + [   ]
　　S　　　　　V　　　　　　　　　　　　　　　　　　S　　　　　V

3. 버스 노선을 아직 잘 몰라서 버스 스케줄을 미리 확인했다.

= [   ] + [   ] + 아직 + 버스 노선을 + 그래서 + [   ] + [   ] + 버스 스케줄을 +
　　S　　　　　V　　　　　　　　　　　　　　　　　S　　　　　V

미리

4. 버스에는 승객이 많아 앉을 자리가 없었다.

= [   ] + [   ] + 버스에는 + 왜냐하면 + [   ] + [   ]
　　V　　　　　S　　　　　　　　　　　　　　　V　　　　　S

5. 다행스럽게도 제 시간에 도착했다.

= 다행스럽게도 + [   ] + [   ] + 제 시간에
　　　　　　　　S　　　　　V

S   I / nowhere to sit / the weather / so many passengers

V   arrived / checked / took / had a plan / was so nice / there were / am unfa-
miliar with / there was

4단계 문장 다듬기

※ 어휘를 활용해서 문장 완성하기.

1. 오늘은 시내에서 친구를 만나기로 했다.

= 오늘은 + [나는] + [~하기로 했다] + 만나기로 + 친구를 + 시내에서
               S   V

- 오늘은

> = today
> - 문장 앞이나 뒤에 위치한다.

❶ 나는 +
~하기로 했다

> = I had a plan to
> - '~하기로 했다'의 표현으로는 'be going to'도 있지만, 'plan to', 'have a plan to' 등 다양한 표현도 함께 알아두자.

- 만나기로

> = to meet
> - '~하기로'는 'to부정사'로 대체한다. '만나다'의 영어 표현은 'meet'이다. 'to'는 중복이므로 생략한다.

- 친구를

> = my friend

- 시내에서

> = downtown
> - '부사'로서 앞에 전치사를 붙이지 않는다.

어순 정리 **I had a plan to meet my friend downtown today.**

[문장1개]

2. 날씨가 너무 좋아 지하철 대신, 버스를 타고 갔다.

= [나는] + [타고 갔다] + 버스를 + 지하철 대신 + 왜냐하면 + [날씨가] + [너무 좋
 S   V   S   V
다]

❶ 나는 + 타고 갔다

= I took
• '이동 수단을 타다'라고 표현할 때는 'take' 동사를 사용한다.

• 버스를

= the bus

• 지하철 대신

= instead of the subway
• '~대신'의 의미는 'instead of'로 표현한다.

ⓒ 왜냐하면

= because

**❷ 날씨가 +
   너무 좋다**

= the weather was so nice
• '날씨'는 'weather'라고 표현해 주자.

어순 정리 I took the bus instead of the subway because the
weather was so nice. [문장2개]

3. 버스 노선을 아직 잘 몰라서 버스 스케줄을 미리 확인했다.

= [나는] + [잘 모른다] + 아직 + 버스 노선을 + 그래서 + [나는] + [확인했다] + 버스
    S   V   S   V
스케줄을 + 미리

❶ 나는 + 잘 모른다

= I'm unfamiliar with
- 여기서 '잘 모른다'는 '낯설거나 익숙하지 않다'의 의미로 해석할 수 있다. 따라서 'I'm unfamiliar with'로 표현 가능하다.

- 아직

= still
- 부사로서 일반 동사 앞이나 'be' 동사 뒤에 쓰인다.

- 버스 노선을

= the bus routes

ⓒ 그래서

= so

❷ 나는 + 확인했다

= I checked

- 버스 스케줄을

= the bus schedule

- 미리

= in advance

(어순 정리) I'm still unfamiliar with the bus routes, so I checked the bus schedule in advance. [문장 2개]

4. 버스에는 승객이 많아 앉을 자리가 없었다.

= [앉을 자리가] + [없었다] + 버스에는 + 왜냐하면 + [승객이] + [많았다]
    S   V   S   V

❶ 앉을 자리가 + 없었다

= There was nowhere to sit

- there was : 없었다

  'there is/are' 문장으로 처리한다. 뒤에 주어가 'nowhere' 라는 부정 형식이 오므로, 부정문으로 변환하지 않고 그냥 써주면 된다.

- nowhere : 자리가

  보통 '~하는 곳'이라는 의미로 'where'을 사용한다. 다만, '자리가 없다'는 부정 표현이므로 'nowhere' 즉, '어딘 가에 도 없는 장소나 자리'로 표현하면, 'there is' 문장과 사용하 기가 더 자연스럽다.

- to sit : 앉을

  '~을' 즉, 동사가 꾸며주는 형식이므로 'to부정사'를 사용한 다.

- 버스에는

= on the bus

❺ 왜냐하면

= because

❷ 승객이 + 많았다

= There were so many passengers

- so many ~ : 많은

  'many/much/a lot of' 등을 사용하면 된다.

어순 정리 **There was nowhere to sit on the bus because there were so many passengers.** [문장2개]

5. 다행스럽게도 제 시간에 도착했다.

= 다행스럽게도 + [나는] + [도착했다] + 제 시간에
              S   V

· 다행스럽게도

= Thankfully

❶ **나는 + 도착했다**

= I arrived

· 제 시간에

= on time

어순 정리 **Thankfully, I arrived on time.** [문장1개]

5단계 미션클리어

※ 한글 문답을 보고 시간 내에 영어로 말해보기.(20초)

Korean ver.

3월 19일 금요일 온화함

오늘은 시내에서 친구를 만나기로 했다.

날씨가 너무 좋아 지하철 대신, 버스를 타고 갔다.

버스 노선을 아직 잘 몰라서 버스 스케줄을 미리 확인했다.

버스에는 승객이 많아 앉을 자리가 없었다.

다행스럽게도 제 시간에 도착했다.

English ver.

Friday, March 19th mild

I had a plan to meet my friend downtown today.

I took the bus instead of the subway because the weather was so nice.

I'm still unfamiliar with the bus routes, so I checked the bus schedule in advance.

There was nowhere to sit on the bus because there were so many passengers.

Thankfully, I arrived on time.

오늘의
생활 영어 미션 ⑬

3월 27일 토요일 맑음

나는 가끔 토요일에 기차를 타고 할머니 댁에 간다.

편도로 2시간이라 기차에서 먹을 간식을 준비했다.

내 자리를 찾아서 앉았고, 역무원이 표를 확인했다.

할머니가 지방에 계셔서 가는 동안 소풍 가는 기분이 들었다.

할머니를 빨리 보고 싶다.

※ 동사는 밑줄로 표시하기.

1. 나는 가끔 토요일에 기차를 타고 할머니 댁에 간다.   (1개)

2. 편도로 2시간이라 기차에서 먹을 간식을 준비했다.   (2개)

3. 내 자리를 찾아서 앉았고, 역무원이 표를 확인했다.   (3개)

4. 할머니가 지방에 계셔서 가는 동안 소풍 가는 기분이 들었다.   (2개)

5. 할머니를 빨리 보고 싶다.   (1개)

해답

1. 나는 가끔 토요일에 기차를 타고 할머니 댁에 <u>간다</u>.   (1개)
2. 편도로 2시간이<u>라</u> 기차에서 먹을 간식을 <u>준비했다</u>.   (2개)
3. 내 자리를 <u>찾아서</u> <u>앉았고</u>, 역무원이 표를 <u>확인했다</u>. (3개)
4. 할머니가 지방에 <u>계셔서</u> 가는 동안 소풍 가는 기분이 <u>들었다</u>. (2개)
5. 할머니를 빨리 <u>보고 싶다</u>.   (1개)

※ 주어를 있는대로 찾아보기(숨어있는 주어 포함).

1. 나는 가끔 토요일에 기차를 타고 할머니 댁에 간다.   (1개)

`주어`

2. 편도로 2시간이라 기차에서 먹을 간식을 준비했다.   (2개)

`주어`

3. 내 자리를 찾아서 앉았고, 역무원이 표를 확인했다.   (3개)

`주어`

4. 할머니가 지방에 계셔서 가는 동안 소풍 가는 기분이 들었다.   (2개)

`주어`

5. 할머니를 빨리 보고 싶다.   (1개)

`주어`

해답

1. (나는) 가끔 토요일에 기차를 타고 할머니 댁에 간다.   (1개)
2. <가주어> 편도로 2시간이라 <나는> 기차에서 먹을 간식을 준비했다.   (2개)
3. <나는> 내 자리를 찾아서 <나는> 앉았고, (역무원이) 표를 확인했다.   (3개)
4. (할머니가) 지방에 계셔서 <나는> 가는 동안 소풍 가는 기분이 들었다.   (2개)
5. <나는> 할머니를 빨리 보고 싶다.   (1개)

* 주어 : ( ), 숨은 주어: < >

※ 보기를 이용해 문장을 완성하고, 문장의 구조 파악하기.

1. 나는 가끔 토요일에 기차를 타고 할머니 댁에 간다.

= 가끔 + [   ] + [   ] + 기차를 + 할머니 댁에 + 토요일에
             S   V

2. 편도로 2시간이라 기차에서 먹을 간식을 준비했다.

= [   ] + [   ] + 편도로 2시간을 +, so + [   ] + [   ] + 먹을 간식을 + 기차에서
   S   V   S   V

3. 내 자리를 찾아서 앉았고, 역무원이 표를 확인했다.

= [   ] + [   ] + 내 자리를 + 그리고 + [   ] + [   ] + 그리고 + [   ] + [   ]
   S   V   S   V   S   V
  + 표를

4. 할머니가 지방에 계셔서 가는 동안 소풍 가는 기분이 들었다.

= [   ] + [   ] + 지방에 + 그래서 + [   ] + [   ] + 소풍 가는 기분이 + 가는 동안
   S   V   S   V

5. 할머니를 빨리 보고 싶다.

= [   ] + [   ] + 할머니를 + 빨리
   S   V

4단계 문장 다듬기

※ 어휘를 활용해서 문장 완성하기.

1. 나는 가끔 토요일에 기차를 타고 할머니 댁에 간다.

= 가끔 + [나는] + [타고 간다] + 기차를 + 할머니 댁에 + 토요일에
  　　　　S　　　V

- 가끔

> = once in a while
> - 가끔, 때때로 '부사'의 기능을 하며 보통 문장 앞이나 뒤에
>   위치한다.

❶ 나는 + 타고 간다

> = I take

- 기차를

> = the train

- 할머니 댁에

> = to my grandma's house
> - '~의 집'일 때는 소유격의 형태를 쓴다.

- 토요일에

> = on Saturdays
> - '토요일마다'라는 의미이므로 복수형태를 사용하며 보통
>   요일 앞에는 'on'을 사용한다. 혹은 'every + 단수'를 이용
>   해서 'every Saturday'라고 하기도 한다.

어순 정리 **Once in a while, I take the train to my grandma's house on Saturdays.** [문장1개]

140

2. 편도로 2시간이라 기차에서 먹을 간식을 준비했다.

= [가주어] + [~이다] + 편도로 2시간 + 그래서 + [나는] + [준비했다] + 먹을 간식을
     S   V   S   V
+기차에서

❶ 가주어 + ~이다

	= It is
• 편도로	= an one-way
• 2시간을	= two-hour ride
	• '타고 가는데 걸리는 시간이 2시간'이라는 의미이다.
• 편도로 2시간을	= a two-hour ride one-way

ⓒ 그래서

	= so

❷ 나는 + 준비했다

	= I prepared
• 간식을	= some snacks
• 먹을	= to eat
	• '먹다' 동사의 의미 '먹을'은 뒤에 '간식'이라는 단어를 꾸며 주므로 'to부정사'로 표현한다.
• 기차에서	= on the train

어순 정리 **It is a two-hour ride one-way, so I prepared some snacks to eat on the train.** [문장2개]

3. 내 자리를 찾아서 앉았고, (역무원이) 표를 확인했다.

= [나는] + [찾았다] + 내 자리를 + 그리고 + [나는] + [앉았다] + 그리고 + [역무원
  S   V   S   V   S
이] + [확인했다] + 표를
        V

❶ 나는 + 찾았다

· 내 자리를

= I found

= my seat

ⓒ 그리고

= and

❷ 나는 + 앉았다

= I sat down

ⓒ 그리고

= and

**❸ 역무원이 +
확인했다**

· 표를

= the conductor checked

· '역무원'은 'conductor'라고 표현한다.

= my ticket

어순 정리 I found my seat and I sat down
and the conductor checked my ticket.

주의 이어진 문장의 주어가 다를 경우는 'and' 이후에 주어
를 생략하지 못한다.

I found my seat and sat down, and the conductor checked my ticket. [문장3개]

4. 할머니가 지방에 계셔서 가는 동안 소풍 가는 기분이 들었다.

= [할머니가] + [계시다] + 지방에 + 그래서 + [나는] + [~이 들었다] + 소풍 가는 기
  　　S　　　　　V　　　　　　　　　　　　　　S　　　　　V
분이 + 가는 동안

❶ **할머니가 +** **계시다**	**= My grandma lives** · '계시다'는 '살다' 동사 표현으로 바꿀 수 있다.
· 지방에	**= out in the country**
ⓒ **그래서**	**= so**
❷ **나는 +** **~이 들었다**	**= I got** · '어떠한 생각이 들다'라는 의미를 쓸 때는 'get the idea of~'의 표현을 사용하면 된다.
· 소풍 가는 기분이	**= the idea of going on a picnic** · go on a picnic : 소풍간다는 생각이, 소풍가다
· 가는 동안	**= during the ride** · 이런 표현일 경우 '가다'라는 동사를 생각하지만, '기차를 타고 가는 상황'이므로 명사형으로 더 쉽게 표현 할 수 있는 'ride'라는 표현을 이용한다.

My grandma lives out in the country, so I got the idea of going on a picnic during the ride. [문장2개]

5. 할머니를 빨리 보고 싶다.

= [나는] + [보고 싶다] + 할머니를 + 빨리
    S   V

❶ 나는 + 보고 싶다　　| = I want to see

- 할머니를　　　　　　　| = her

- 빨리　　　　　　　　　| = soon

I want to see her soon. [문장1개]

144

5단계 미션클리어

※ 한글 문답을 보고 시간 내에 영어로 말해보기.(20초)

Korean ver.

3월 27일 토요일 맑음

나는 가끔 토요일에 기차를 타고 할머니 댁에 간다.

편도로 2시간이라 기차에서 먹을 간식을 준비했다.

내 자리를 찾아서 앉았고, 역무원이 표를 확인했다.

할머니가 지방에 계셔서 가는 동안 소풍 가는 기분이 들었다.

할머니를 빨리 보고 싶다.

English ver.

Saturday, March 27th clear

Once in a while, I take the train to my grandma's house on Saturdays.

It's a two-hour ride one-way, so I prepared some snacks to eat on the train.

I found my seat and sat down, and the conductor checked my ticket.

My grandma lives out in the country, so I got the idea of going on a picnic during the ride.

I want to see her soon.

오늘의
생활 영어 미션 ⑭

나는 오늘 수업에 늦어서 택시를 탔다.

택시 잡기가 어려워서, 어플로 택시를 불렀다.

처음 사용해 봤는데, 기사님이 이미 목적지를 알고 계셨다.

따로 계산을 할 필요도 없었다.

어플에 등록한 내 신용 카드로 자동으로 되었다.

※ 동사는 밑줄로 표시하기.

1. 나는 오늘 수업에 늦어서 택시를 탔다. (2개)

2. 택시 잡기가 어려워서, 어플로 택시를 불렀다. (2개)

3. 처음 사용해 봤는데, 기사님이 이미 목적지를 알고 계셨다. (2개)

4. 따로 계산을 할 필요도 없었다. (1개)

5. 어플에 등록한 내 신용 카드로 자동으로 되었다. (2개)

해답

1. 나는 오늘 수업에 늦어서 택시를 <u>탔다</u>. (2개)

2. 택시 잡기가 <u>어려워서</u>, 어플로 택시를 <u>불렀다</u>. (2개)

3. 처음 사용해 봤는데, 기사님이 이미 목적지를 <u>알고</u> <u>계셨다</u>. (2개)

4. 따로 계산을 할 필요도 <u>없었다</u>. (1개)

5. 어플에 <u>등록된</u> 내 신용 카드로 자동으로 <u>되었다</u>. (2개)

주어 찾기

※ 주어를 있는대로 찾아보기(숨어있는 주어 포함).

1. 나는 오늘 수업에 <u>늦어서</u> 택시를 <u>탔다</u>. (2개)

주어

2. 택시 잡기가 <u>어려워서</u>, 어플로 택시를 <u>불렀다</u>. (2개)

주어

3. 처음 사용해 봤는데, 기사님이 이미 목적지를 <u>알고 계셨다</u>. (2개)

주어

4. 따로 <u>계산을 할 필요도 없었다</u>. (1개)

주어

5. 어플에 <u>등록한</u> 내 신용 카드로 자동으로 <u>되었다</u>. (2개)

주어

해답

1. (나는) 오늘 수업에 늦어서 <나는> 택시를 탔다. (2개)
2. <가주어> 택시 잡기가 어려워서, <나는> 어플로 택시를 불렀다. (2개)
3. <가주어> 처음 사용해 봤는데, (기사님이) 이미 목적지를 알고 계셨다. (2개)
4. <나는> 따로 계산을 할 필요도 없었다. (1개)
5. <내가> 어플에 등록한 내 신용 카드로 자동으로 <가주어> 되었다. (2개)

* 주어 : ( ), 숨은 주어: < >

3단계 문장 구조 파악하기

※ 보기를 이용해 문장을 완성하고, 문장의 구조 파악하기.

1. 나는 오늘 수업에 늦어서 택시를 탔다.

= [　　　] + [　　　　] + 수업에 + 오늘 + 그래서 + [　　　] + [　　　　] + 택시를
　　 S　　　　　 V　　　　　　　　　　　　　　　　　　　 S　　　　　 V

2. 택시 잡기가 어려워서, 어플로 택시를 불렀다.

= [　　　] + [　　　　] + 택시 잡기가 어려운 + 그래서 + [　　　] + [　　　] + 택시를 + 어플로
　　 S　　　　　 V　　　　　　　　　　　　　　　　　　　　　　 S　　　　 V

3. 처음 사용해 봤는데, 기사님이 이미 목적지를 알고 계셨다.

= [　　　] + [　　　　] + 처음 사용해 + 그러나 + [　　　] + [　　　] + 이미 + 목적지를
　　 S　　　　　 V　　　　　　　　　　　　　　　　 S　　　　 V

4. 따로 계산을 할 필요도 없었다.

= [　　　] + [　　　　] + ~까지도 + 따로
　　 S　　　　　 V

5. 어플에 등록한 내 신용 카드로 자동으로 되었다.

= [　　　] + [　　　　] + 자동으로 + 내 신용 카드로 + [　　　] + [　　　] + 어플에
　　 S　　　　　 V　　　　　　　　　　　　　　　　　　　　 S　　　　 V

S̲ 　 I / It / the driver

V̲ 　 had registered / was / is / was running late / called for / knew / happened /
　　 took / didn't even have to pay

4단계 **문장 다듬기**

※ 어휘를 활용해서 문장 완성하기.

1. 나는 오늘 수업에 늦어서 택시를 탔다.

= [나는] + [늦었다] + 수업에 + 오늘 + 그래서 + [나는] + [탔다] + 택시를
   S   V   S   V

❶ 나는 + 늦었다

= I was running late
- run late : 지연되다, 늦다

- 수업에   = for class

- 오늘   = today

ⓒ 그래서   = so

❷ 나는 + 탔다   = I took

- 택시를   = a taxi

어순 정리 **I was running late for class today, so I took a taxi.**

[문장2개]

2. 택시 잡기가 어려워서, 어플로 택시를 불렀다.

= [가주어] + [~이다] + 택시 잡기가 어려운 + 그래서 + [나는] + [불렀다] + 택시를
    S   V   S   V
+ 어플로

❶ 가주어 + ~이다

= It was

· 택시 잡기가 어려운

= hard to flag one down : 여기서 'one'은 'a taxi'를 가리킨다.
- flag down ~ : ~에게 정지 신호를 하다/택시를 잡다
- hard : ~하기 어려운

ⓒ 그래서

= so

❷ 나는 + 불렀다

= I called for
- call for : 부르다, 주문하다

· 택시를

= one
- 여기서는 위에 '택시'라는 단어가 나오므로 중복을 피해 대명사로 받아준다.

· 어플로

= with an app
- '~로'라는 목적이나 수단, 밥법을 나타낼 때는 'with'라는 전치사를 사용한다.

어순 정리 **It was hard to flag one down, so I called for one with an app.** [문장2개]

3. 처음 사용해 봤는데, 기사님이 이미 목적지를 알고 계셨다.

= [가주어] + [~였다] + 처음 사용해 + 그러나 + [기사님이] + [알고 계셨다] + 이미
    S   V   S   V
+ 목적지를

❶ 가주어 + ~였다

- 처음 사용해

= It was

= my first time using it
- '내가 첫 번째로 사용하는 것'이므로 'my first'라고 표현해 주고 뒤에는 명사형태가 와야 하므로 '그것을 사용함'이라는 의미의 'using it' 즉 동명사 형태를 사용한다.

❺ 그러나

= but

❷ 기사님이 + 알고 계셨다

= the driver knew

- 이미

= already
- 'already'라는 부사를 사용하며, 주로 일반 동사 앞에 위치한다.

- 목적지를

= my destination

어순 정리 **It was my first time using it, but the driver already knew my destination.** [문장2개]

4. 따로 계산을 할 필요도 없었다.

= [나는] + [계산 할 필요가 없었다] + ~까지도 + 따로
  S   V

❶ 나는 + 계산 할 필요가 없었다

= I didn't have to pay

- **~까지도**

= even • 부사로서 강조하고자 하는 단어 바로 앞에 위치한다.

- **따로**

= in person • '직접, 직접적으로, 몸소'라는 의미의 단어로 'in person'으로 표현한다.

어순 정리   **I didn't even have to pay in person.** [문장1개]

5. 어플에 등록한 내 신용 카드로 자동으로 되었다.

= [가주어] + [되었다] + 자동으로 + 내 신용 카드로 + [내가] + [등록했다] + 어플에
   S   V   S   V

❶ 가주어 + ~되었다

= It happened • '~으로 되었다'라는 의미이지만, 여기서의 의미는 '신용카드로 자동 결제가 이루어졌다, 행해졌다, 발생했다'라는 의미로 본다. 'happen'이라는 표현도 사용할 수 있다.

- **자동으로**

= automatically

- **내 신용 카드로**

= with my credit card

ⓒ ~한

= that
- 앞의 단어를 수식해주는 형용사절 접속사로서 생략가능하다.

❷ 내가 + 등록했다

= (that) I registered
- 'I registered'라고 표현하면 된다. 다만, '내가 등록한 신용카드'라는 의미로 앞의 '신용카드'를 꾸며준다. 따라서 앞에 'that'을 수반하는 문장이라고 생각하면 된다.

- 어플에

= on the app

(어순정리) **It happened automatically with my credit card that I registered on the app.** [문장2개]

5단계 미션클리어

※ 한글 문답을 보고 시간 내에 영어로 말해보기.(20초)

4월 8일 목요일 보슬비

나는 오늘 수업에 늦어서 택시를 탔다.

택시 잡기가 어려워서, 어플로 택시를 불렀다.

처음 사용해 봤는데, 기사님이 이미 목적지를 알고 계셨다.

따로 계산을 할 필요도 없었다.

어플에 등록한 내 신용 카드로 자동으로 되었다.

Thursday, April 8th Sprinkling

I was running late for class today, so I took a taxi.

It's hard to flag one down, so I called for one with an app.

It was my first time using it, but the driver already knew my destination.

I didn't even have to pay in person.

It happened automatically with my credit card I had registered on the

app.

오늘의
생활 영어 미션 ⑮

4월 11일 일요일 비

오늘 엄마와 함께 차를 운전해서 마트에 갔다.

차에 타자마자 시동을 켠 후에 안전벨트를 매고 페달을 밟았다.

길에서 옆 차들이 자꾸 내 차선으로 끼어들었다.

나도 급하게 차선을 바꾸기 위해 우측 깜빡이를 켰다.

비 오는 날은 운전하기가 참 어렵다.

※ 동사는 밑줄로 표시하기.

1. 오늘 엄마와 함께 차를 운전해서 마트에 갔다.   (1개)

2. 차에 타자마자 시동을 켠 후에 안전벨트를 매고 페달을 밟았다.   (4개)

3. 길에서 옆 차들이 내 차선으로 자꾸 끼어들었다.   (1개)

4. 나는 우측 깜빡이를 켜고 차선을 급하게 바꿀 수 있었다.   (2개)

5. 비 오는 날은 운전하기가 참 어렵다.   (1개)

해답

1. 오늘 엄마와 함께 차를 운전해서 마트에 <u>갔다</u>.   (1개)

2. 차에 타자마자 시동을 <u>켠</u> 후에 안전벨트를 <u>매고</u> 페달을 <u>밟았다</u>.   (4개)

3. 길에서 옆 차들이 내 차선으로 자꾸 <u>끼어들었다</u>.   (1개)

4. 우측 깜빡이를 <u>켜서</u> 차선을 급하게 <u>바꿀</u> 수 있었다.   (2개)

5. 비 오는 날은 운전하기가 참 <u>어렵다</u>.   (1개)

※ 주어를 있는대로 찾아보기(숨어있는 주어 포함).

1. 오늘 엄마와 함께 차를 운전해서 마트에 갔다. (1개)

주어

2. 차에 타자마자 시동을 켠 후에 안전벨트를 매고 페달을 밟았다. (4개)

주어

3. 길에서 옆 차들이 내 차선으로 자꾸 끼어들었다. (1개)

주어

4. 우측 깜빡이를 켜서 차선을 급하게 바꿀 수 있었다. (2개)

주어

5. 비 오는 날은 운전하기가 참 어렵다. (1개)

주어

해답

1. <나는> 오늘 엄마와 함께 차를 운전해서 마트에 갔다. (1개)
2. <나는> 차에 타자마자 <나는> 시동을 켠 후에 <나는> 안전벨트를 매고 <나는> 페달을 밟았다. (4개)
3. 길에서 (옆 차들이) 내 차선으로 자꾸 끼어들었다. (1개)
4. <나는> 우측 깜빡이를 켜서 <나는> 차선을 급하게 바꿀 수 있었다. (2개)
5. <가주어> 비 오는 날은 운전하기가 참 어렵다. (1개)

• 주어 : ( ), 숨은 주어: < >

3단계 | 문장 구조 파악하기

※ 보기를 이용해 문장을 완성하고, 문장의 구조 파악하기.

1. 오늘 엄마와 함께 차를 운전해서 마트에 갔다.

= [   ] + [   ] + 마트에 + 엄마와 함께 + 오늘
    S   V

2. 차에 타자마자 시동을 켠 후에 안전벨트를 매고 페달을 밟았다.

= ~켠 후에 + [   ] + [   ] + 시동을 + ~하자마자 + [   ] + [   ], [   ] +
             S   V   S   V   S

[   ] + 안전 벨트를 + 그리고 + [   ] + [   ] + 페달을
  V   S   V

3. 길에서 옆 차들이 내 차선으로 자꾸 끼어들었다.

= 길에서 + [   ] + [   ] + 내 차선으로
          S   V

4. 우측 깜빡이를 켜서 차선을 급하게 바꿀 수 있었다.

= [   ] + [   ] + 우측깜빡이를 + 그래서 + [   ] + [   ] + 차선을 + 급하게
  S   V   S   V

5. 비 오는 날은 운전하기가 참 어렵다.

= [   ] + [   ] + 운전하기가 + 참 어려운 + 비 오는 날은
  S   V

보기

S   I / It / the cars next to me

V   turned on / got in the car / kept cutting into / put on / drove / is / could change / pressed

※ 어휘를 활용해서 문장 완성하기.

1. 오늘 엄마와 함께 차를 운전해서 마트에 갔다.

= [나는] + [차를 운전해서 갔다] + 마트에 + 엄마와 함께 + 오늘
   S   V

❶ **나는 + 갔다**

> = I drove
> • '차를 운전해서'와 '갔다'가 둘 다 동사로 겹치므로 'drive'로 통일해 주면 된다.

• 마트에

> = to the store

• 엄마와 함께

> = with my mom

• 오늘

> = today

어순 정리 **I drove to the store with my mom today.** [문장1개]

2. 차에 타자마자 시동을 켠 후에 안전벨트를 매고 페달을 밟았다.

= ~한 후에 + [나는] + [켰다] + 시동을 + ~하자마자 + [나는] + [차에 탔다], [나는]
             S   V   S   V   S
+ [맸다] + 안전 벨트를 + 그리고 + [나는] + [밟았다] + 페달을
    V   S   V

• ~ 한 후에

> = After
> • 'After + 주어 + 동사' 혹은 두 문장의 주어가 같을 경우는

'주어'만 생략하고 동사는 '~ing' 형태나 '~ed' 형태로 바꾸어준다.

❶ 나는 + 켰다

= **I turned on**
- '시동을 켜다' 혹은 '전원을 켜다'라는 의미로 'turn on'을 사용한다.

- 시동을

= **the ignition**
- 차의 시동을 건다고 할 때 보통은 '점화', '발화'라는 표현인 'ignition'을 사용한다.
  = After I turned on the ignition
  주의 문장을 줄이기 위해 중복되는 주어 'I'를 생략하고 동사를 능동 형태인 '~ing'로 바꾸어 준다.
  = **After turning on the ignition**

ⓒ ~하자마자

= **As soon as**
- 보통은 'as soon as'를 사용하며, 동사 시제는 '과거형'을 써준다.

❷ 나는 + 차에 탔다

= **I got in the car**
- '차에 타다'라는 표현은 다양한 숙어로 표현 가능하다, 여기선 단순하게 '차에 올라탄 행동'을 의미함으로 'get in the car'를 사용한다.

❸ 나는 + 맸다

= **I put on**
- '안전벨트를 매다'와 같이 몸에 무엇인가를 걸친다는 표현일 때는 'put on'을 사용한다.

· 안전벨트를	= my seatbelt
ⓒ 그리고	= and
❸ 나는 + 밟았다	= I pressed · '밟다' 동사는 '무엇인가 작동시키기 위해 버튼을 누르다'라는 의미의 'press'를 사용한다.
· 페달을	= the gas pedal · '엑셀레타'라고도 하며 영어로는 'gas pedal'이라고 표현한다.

어순 정리 **After turning on the ignition as soon as I got in the car, I put on my seatbelt and pressed the gas pedal.** [문장3개]

3. 길에서 옆 차들이 내 차선으로 자꾸 끼어들었다.

= 길에서 + [옆 차들이] + [자꾸 끼어들었다] + 내 차선으로
             S   V

· 길에서	= On the road
❶ 옆 차가 + 자꾸 끼어들었다	= The cars next to me kept cutting into · 옆 차가 : '옆'이라는 표현은 'next to ~'의 표현을 사용하며, '내 옆'이므로 'next to me'라고 표현한다. · 자꾸 끼어들었다 : '자꾸'라는 의미의 표현으로 'repeatedly' 혹은 'over and over' 등 여러 가지 있지만, '끊임없이

계속 ~했다'라는 동사로 바꾸면 단어도 줄어들고 문장이 한결 깔끔해진다. 그런 의미의 단어로 'keep'를 사용한다. '끼어들다'의 의미는 운전상황에서 '옆에서 자꾸 차선을 넘어 넘어오는 상황'이므로 이럴 때는 'cut into'라는 단어가 적합하다.

• 내 차선(으로)

= my lane

어순 정리 **On the road, the cars next to me kept cutting into my lane.** [문장1개]

4. 우측 깜빡이를 켜서 차선을 급하게 바꿀 수 있었다.

= [나는] + [켰다] + 우측깜빡이를 + 그래서+ [나는] +[바꿀 수 있었다] +차선을 +
　　S　　　V　　　　　　　　　　　　　　S　　　　V
급하게

❶ 나는 + 켰다

= I turned on
• '기기를 작동시키다'라는 의미이므로 'turn on'을 사용한다.

• 우측깜빡이를

= my right blinker
• '우측'은 'the right'를 사용하면 되고, '깜빡이'는 보통 'blinker'라고 한다.

❷ 그래서

= so

❷ 나는 +
바꿀 수 있었다

= I could change
- '~할 수 있었다'는 'can'의 과거형인 'could'를 사용한다.

- 차선을

= lanes

- 급하게

= quickly

어순 정리 **I turned on my right blinker so I could change lanes quickly.** [문장2개]

5. 비 오는 날은 운전하기가 참 어렵다.

= [가주어] + [~하다] + 참 어려운 + 운전하기가 + 비 오는 날은
　　S　　　　V

❶ 가주어 + ~하다

= It is
- 일반적인 상황을 설명하므로 동사는 '현재형'으로 사용하는 것이 적합하다.

- 참 어려운

= so hard
- 'difficult'를 사용하기 쉽지만 회화에서는 'hard'가 더 자연스럽다.

- 운전하기가

= to drive
- 동사의 부사 형태로, 이럴 경우는 'to + 동사'의 형태를 사용한다.

- 비 오는 날은

= on rainy days
- 보통 날 앞에는 'on' 전치사를 사용한다.

어순 정리 **It is so hard to drive on rainy days.** [문장1개]

5단계 미션클리어

※ 한글 문답을 보고 시간 내에 영어로 말해보기.(20초)

4월 11일 일요일 비

오늘 엄마와 함께 차를 운전해서 마트에 갔다.

차에 타자마자 시동을 켠 후에 안전벨트를 매고 페달을 밟았다.

길에서 옆 차들이 자꾸 내 차선으로 끼어들었다.

나도 급하게 차선을 바꾸기 위해 우측 깜빡이를 켰다.

비 오는 날은 운전하기가 참 어렵다.

Sunday, April 11th rainy

I drove to the store with my mom today.

After turning on the ignition as soon as I got in the car, I put on my

seatbelt and pressed the gas pedal.

On the road, the cars next to me kept cutting into my lane.

I turned on my right blinker so I could change lanes quickly.

It's so hard to drive on rainy days.

오늘의
생활 영어 미션 ⑯

오늘은 길에서 충돌사고가 났다.

너무 놀랐지만 갓길에 차를 세웠고, 보험사에 전화했다.

조금 있으니 견인차가 왔다.

차 앞 범퍼가 약간 찌그러져서 차를 수리맡겼다.

다음 주 화요일에 차를 가져가라고 했다.

1단계 동사 찾기

※ 동사는 밑줄로 표시하기.

1. 오늘은 길에서 충돌사고가 났다. (1개)

2. 너무 놀랐지만 갓길에 차를 세웠고, 보험사에 전화했다. (3개)

3. 조금 있으니 견인차가 왔다. (1개)

4. 차 앞 범퍼가 약간 찌그러져서 차를 수리맡겼다. (2개)

5. 다음 주 화요일에 차를 가져가라고 했다. (1개)

해답

1. 오늘은 길에서 충돌사고가 <u>났다</u>. (1개)

2. 너무 <u>놀랐지만</u> 갓길에 <u>차</u>를 <u>세웠고</u>, 보험사에 <u>전화했다</u>. (3개)

3. 조금 있으니 견인차가 <u>왔다</u>. (1개)

4. 차 앞 범퍼가 약간 <u>찌그러져서</u> 차를 <u>수리맡겼다</u>. (2개)

5. 다음 주 화요일에 차를 <u>가져가라고</u> 했다. (1개)

※ 주어를 있는대로 찾아보기(숨어있는 주어 포함).

1. 오늘은 길에서 충돌사고가 <u>났다</u>. (1개)

주어

2. 너무 <u>놀랐지만</u> 갓길에 <u>차를</u> 세웠고, 보험사에 <u>전화했다</u>. (3개)

주어

3. 조금 있으니 견인차가 <u>왔다</u>. (1개)

주어

4. 차 앞 범퍼가 약간 <u>찌그러져서</u> 차를 <u>수리맡겼다</u>. (2개)

주어

5. 다음 주 화요일에 차를 <u>가져가라고 했다</u>. (1개)

주어

해답

1. 오늘은 <내가> 길에서 충돌사고가 <u>났다</u>. (1개)
2. <나는> 너무 <u>놀랐지만</u> <나는> 갓길에 차를 세웠고, <나는> 보험사에 <u>전화했다</u>. (3개)
3. 조금 있으니 (견인차가) <u>왔다</u>. (1개)
4. (차 앞 범퍼가) 약간 <u>찌그러져서</u> <나는> 차를 <u>수리맡겼다</u>. (2개)
5. <그들은> 다음 주 화요일에 차를 <u>가져가라고 했다</u>. (1개)

* 주어 : ( ), 숨은 주어: < >

※ 보기를 이용해 문장을 완성하고, 문장의 구조 파악하기.

1. 오늘은 길에서 충돌사고가 났다.

= 오늘은 + [   ] + [   ] + 충돌사고가
         S   V

2. 너무 놀랐지만 갓길에 차를 세웠고, 보험사에 전화했다.

= [   ] + [   ] + 너무 + 놀라운 + 그러나 + [   ] + [   ] + 갓길에 + 그리고 +
      S   V   S   V

[   ] + [   ] + 보험사에
    S   V

3. 조금 있으니 견인차가 왔다.

= 조금 있으니 + [   ] + [   ]
                   S   V

4. 차 앞 범퍼가 약간 찌그러져서 차를 수리맡겼다.

= [   ] + [   ] + 약간 + 그래서 + [   ] + [   ] + 차를
      S   V   S   V

5. 다음 주 화요일에 차를 가져가라고 했다.

= [   ] + [   ] + 가져가라고 + 다음 주 화요일에
      S   V

S   I / They / a tow truck / The front bumper

V   told / arrived / was really shaken / got repaired / was slightly damaged /
     pulled over / got into / called

4단계 문장 다듬기

※ 어휘를 활용해서 문장 완성하기.

1. 오늘은 길에서 충돌사고가 났다.

= 오늘은 + [내가] + [~났다] + 충돌사고가
            S   V

- 오늘은

= Today

❶ 나는 + ~났다

= I got into
- '충돌사고가 났다'는 의미로 이럴 경우는 관용 표현으로 'get into'를 사용한다.

- 충돌 사고가

= a car crash
- '충돌사고, 교통사고'는 'crash'라는 단어를 이용해서 'a car crash'라고 표현한다.

어순 정리 **Today I got into a car crash.** [문장1개]

2. 너무 놀랐지만 갓길에 차를 세웠고, 보험사에 전화했다.

= [나는] + [~이었다] + 너무 + 놀라운 + 그러나 + [나는] + [차를 세웠다] + 갓길에
    S   V   S   V
+ 그리고 + [나는] + [전화했다] + 보험사에
           S

❶ 나는 + ~이었다

= I was

- 너무 놀라운

= really shaken
- '너무 놀랐다'는 표현은 'too' 표현도 좋지만, 회화에서는 자연스럽게 '정말 놀랐다'라는 의미로 'really'를 많이 사용한다. 다만 be + p.p일 경우 부사는 be동사와 p.p 사이에 넣어주는 것을 잊지 말자. '놀라운'이라는 표현으로는 'surprised'나 'shocked'을 사용해도 무방하고, '몸이 떨렸다'라는 의미로 'shaken'이라는 표현도 사용해 보자.

Ⓒⓒ 그러나

= but

❷ 나는 + 세웠다

= I pulled over
- '차를 길에 세우다'라고 표현할 때는 'pull over'를 주로 씀을 명심하자.

- 갓길에

= to the side of the road

Ⓒⓒ 그리고

= and

❸ 나는 + 전화했다

= I called

- 보험사에

= the insurance company

I was really shaken, but I pulled over to the side of the road and called the insurance company. [문장3개]

3. 조금 있으니 견인차가 왔다.

= 조금 있으니 + [견인차가] + [왔다]
                            S   V

- 조금 있으니

> = A bit later

❶ 견인차가 + 왔다

> = a tow truck arrived
> - '도착했다'라고 표현하는 것이 적당하다.

A bit later, a tow truck arrived. [문장1개]

4. [차 앞 범퍼가] 약간 찌그러져서 수리를 맡겼다.

= [차 앞 범퍼가] + [찌그러졌다] + 약간 + 그래서 + [나는] + [맡겼다] + 수리를
     S   V   S   V

**❶ 차 앞 범퍼가 +
찌그러졌다**

> = The front bumper was damaged
> - 찌그러졌다 : '손상되다'라고 바꿔 줄 수 있으며, 'damage'라고 표현한다.

- 약간

> = slightly
> - 부사로서 be동사 + p.p의 동사와 함께 사용할 때는 be동

사와 p.p 사이에 위치한다.

ⓒ 그래서

= so

**❷ 나는 +
수리맡겼다**

= I got something repaired
- 여기서는 사역동사와 연결되는 문장이므로 '수리하다'는
  'repair' 동사의 수동형태(p.p)를 사용하면 된다.
  = I got something + p.p.

- 차를

= my car
- 'something' 자리에 'my car'를 넣는다.

어순 정리 **The front bumper was slightly damaged, so I got my
car repaired.** [문장2개]

5. 다음 주 화요일에 차를 가져가라고 했다.

= [그들은] + [~하라고 했다] + 가져가라고 + 다음 주 화요일에
    S   V

**❶ 그들은 +
~하라고 했다**

= They told me

- 가져가라고

= to pick it up
- '맡겨 놓은 것을 가져가다'라고 할 때는 'pick up'을 사용하
  며, '~하라고'처럼 동사를 명사 형태로 바꿀 때는 'to + 동
  사원형'으로 표현한다. 다만, 명사(my car)가 아닌 대명사
  (it)가 오면 대명사는 동사와 부사 사이에 넣어준다. 이때

- 다음 주 화요일에

= next Tuesday

어순 정리 **They told me to pick it up next Tuesday.** [문장1개]

5단계 미션클리어

※ 한글 문답을 보고 시간 내에 영어로 말해보기.(20초)

4월 13일 화요일 안개

오늘은 길에서 충돌사고가 났다.

너무 놀랐지만 갓길에 차를 세웠고, 보험사에 전화했다.

조금 있으니 견인차가 왔다.

차 앞 범퍼가 약간 찌그러져서 차를 수리맡겼다.

다음 주 화요일에 차를 가져가라고 했다.

Tuesday, April 13th foggy

I got into a car crash today.

I was really shaken, but I pulled over to the side of the road and called the insurance company.

A bit later, a tow truck arrived.

The front bumper was slightly damaged, so I got the car repaired.

They told me to pick it up next Tuesday.

오늘의
생활 영어 미션 ⑰

내일까지 내 차가 없을 거 같아서 아빠차를 빌렸다.

집 오는 길에 근처 셀프 주유소에 들렸다.

주유소에 차를 세우고, 가격을 체크하고 시동을 끄고, 주유를 했다.

기름을 채우고 나서 내 돈으로 결제했다.

내일은 드디어 내 차 수리가 끝난다.

1단계   동사 찾기

※ 동사는 밑줄로 표시하기.

1. 내일까지 내 차가 없을 거 같아서 아빠차를 빌렸다.   (2개)

2. 집 오는 길에 셀프 주유소에 들렀다.   (1개)

3. 차를 세우고, 가격을 체크하고 시동을 끄고, 주유를 했다.   (4개)

4. 기름을 채우고 나서 내 돈으로 결제했다.   (2개)

5. 드디어 내일은 내 차 수리가 끝난다.   (1개)

해답

1. 내일까지 내 차가 <u>없을</u> 거 같아서 아빠차를 <u>빌렸다</u>.   (2개)
2. 집 오는 길에 셀프 주유소에 <u>들렀다</u>.   (1개)
3. 차를 <u>세우고</u>, 가격을 <u>체크하고</u> 시동을 <u>끄고</u>, 주유를 <u>했다</u>. (4개)
4. 기름을 <u>채우고</u> 나서 내 돈으로 <u>결제했다</u>.   (2개)
5. 드디어 내일은 내 차 <u>수리가 끝난다</u>.   (1개)

※ 주어를 있는대로 찾아보기(숨어있는 주어 포함).

1. 내일까지 내 차가 <u>없을 거 같아서</u> 아빠차를 <u>빌렸다</u>.　　　　(2개)

`주어`

2. 집 오는 길에 셀프 주유소에 <u>들렸다</u>.　　　　(1개)

`주어`

3. <u>차를 세우고</u>, 가격을 <u>체크하고</u> 시동을 <u>끄고</u>, 주유를 <u>했다</u>.　　　　(4개)

`주어`

4. 기름을 <u>채우고</u> 나서 내 돈으로 <u>결제했다</u>.　　　　(2개)

`주어`

5. 드디어 내일은 내 차 <u>수리가 끝난다</u>.　　　　(1개)

`주어`

해답

1. 내일까지 <나는> 내 차가 없을 거 같아서 <나는> 아빠차를 <u>빌렸다</u>.　　(2개)

2. 집 오는 길에 <나는> 셀프 주유소에 <u>들렸다</u>.　　(1개)

3. <나는> <u>차를 세우고</u>, <나는> 가격을 <u>체크하고</u> <나는> 시동을 <u>끄고</u>, <나는> 주유를 <u>했다</u>.

(4개)

4. <나는> 기름을 <u>채우고</u> 나서 <나는> 내 돈으로 <u>결제했다</u>.　　(2개)

5. 드디어 내일은 (내 차) <u>수리가 끝난다</u>.　　(1개)

• 주어 : ( ), 숨은 주어: < >

※ 보기를 이용해 문장을 완성하고, 문장의 구조 파악하기.

1. 내일까지 내 차가 없을 거 같아서 아빠차를 빌렸다.

= ~ 때문에 + [   ] + [   ] + 내 차가 + 내일까지, [   ] + [   ] + 아빠차를
                  S   V   S   V

2. 집 오는 길에 셀프 주유소에 들렸다.

= [   ] + [   ] + 셀프 주유소를 + 집 오는 길에
     S   V

3. 차를 세우고, 가격을 체크하고 시동을 끄고, 주유를 했다.

= [   ] + [   ] + 그리고 + [   ] + [   ] + 가격을 + 그리고 + [   ] + [   ]
     S   V   S   V   S   V

+ 시동을 + 그리고 + [   ] + [   ]
                    S   V

4. 기름을 채우고 나서 내 돈으로 결제했다.

= ~하고 나서 + [   ] + [   ] + 기름을 + [   ] + [   ] + 내 돈으로
             S   V   S   V

5. 드디어 내일은 내 차 수리가 끝난다.

= 드디어 + [   ] + [   ] + 내일은
            S   V

<u>S</u>   I / my car

<u>V</u>   turned off / borrowed / will be fixed / paid / parked / wouldn't have / stopped by / checked / started pumping / filled

※ 어휘를 활용해서 문장 완성하기.

1. 내일까지 내 차가 없을 거 같아서 아빠차를 빌렸다.

= ~ 때문에 + [나는] + [없을 거 같았다] + 내 차가 + 내일까지, [나는] + [빌렸다] +
                   S   V   S   V

  아빠차를

- ~ 때문에

> = Since
> - because나 since 둘 중 하나 사용한다.

**❶ 나는 +
없을 거 같았다**

> = I wouldn't have
> - '없을 거 같았다'는 아직 일어나지 않은 미래에 대한 추측이
>   다. 따라서 가정법 미래인 'would'를 사용하는 것이 적절하
>   다. '없다'는 표현이므로 'would not have'라고 하면 된다.

- 내 차가

> = my car

- 내일까지

> = until tomorrow

❷ 나는 + 빌렸다

> = I borrowed

- 아빠차를

> = my dad's car

어순 정리 **Since I wouldn't have my car until tomorrow, I borrowed my dad's car.** [문장2개]

2. 집 오는 길에 셀프 주유소에 들렀다.

= [나는] + [들렀다] + 셀프 주유소를 + 집 오는 길에
    S   V

❶ 나는 + 들렀다

= I stopped by
- '들리다'라고 할 때는 'visit' 보다 'stop by'가 적당하다.

- 셀프 주유소를

= a self-service gas station
- 주유소는 통상 'gas station'이라고 한다.

- 집 오는 길에

= on my way home
- on one's way~ : '~하는 길에'는 관용적인 표현으로 알아
두자.

어순 정리 I stopped by a self-service gas station on my way
home. [문장1개]

3. 차를 세우고, 가격을 체크하고 시동을 끄고, 주유를 했다.

= [나는] + [차를 세웠다] + 그리고 + [나는] + [체크했다] + 가격을 + 그리고 + [나는]
   S   V   S   V   S
+ [껐다] + 시동을 + 그리고 + [나는] + [주유를 했다]
 V   S   V

❶ 나는 +
차를 세웠다

= I parked

ⓒ 그리고

= and
중복이므로 주어와 함께 생략해서 병렬 구조로 표현할 수
있다.

❷ 나는 + 체크했다

　　· 가격을

= I checked

= the prices

ⓒ 그리고

= and
중복이므로 주어와 함께 생략해서 병렬 구조로 표현할 수 있다.

❸ 나는 + 껐다

　　· 시동을

= I turned off
　· '시동을 끄다' 표현은 'turn off'

= the ignition

ⓒ 그리고

= and

❹ 나는 + 주유를 했다

= I started pumping
　· '주유하다'는 다양한 표현이 있는데 주로 기름 펌프를 통해 주유하므로 그대로 'pump'라고 해주면 된다. 문맥상, '차를 주차하고, 가격을 보고 시동을 끄고 주유를 시작했다'라는 순서대로 진행 하는 것이므로 '주유를 시작했다', 즉 'start pumping' 정도로 표현을 해주는 것이 좋다.

어순 정리 **I parked, checked the prices, turned off the ignition, and started pumping.** [문장4개]

4. 기름을 채우고 나서 내 돈으로 결제했다.

= ~하고 나서 + [나는] + [채웠다] + 기름을 + [나는] + [결제했다] + 내 돈으로

                    S   V   S   V

- ~ 하고 나서

= After

❶ 나는 + 채웠다

= I filled
- '채우다'는 '기름 탱크를 채우다'라는 개념이므로 'fill'이라는 표현을 써 준다.

- 기름을

= the tank
- 여기서 '기름을 채우다'는 의미는 다시 말해 '기름 탱크를 채우다'라는 표현이 맞다.
- After I filled the tank : 여기에서 'After + 주어 + 동사'의 경우 뒤의 문장과 '주어'가 같으면 주어는 생략하고 동사는 '~ing'나 '~ed' 형태로 사용한다.
  = After filling the tank

❷ 나는 + 결제했다

= I paid

- 내 돈으로

= with my money

어순 정리 **After filling the tank, I paid with my money.** [문장1개]

5. 드디어 내일은 내 차 수리가 끝난다.

= 드디어 + [내 차] + [수리가 끝난다] + 내일은
                     S   V

- 드디어

= finally
- 부사로서 주로 문장 앞이나 뒤에 위치한다.

❶ 내 차 수리가 +
끝난다

= my car will be fixed
- '수리가 끝나다'라고 할 때는 수동형으로 표현하는 것이 자연스럽다. 고장난 것을 수리하거나 고칠 때는 'fix'라는 표현을 많이 쓰니 잘 알아두자.

- 내일은

= tomorrow

어순 정리　**My car will be fixed tomorrow, finally.**　[문장1개]

5단계 미션클리어

※ 한글 문답을 보고 시간 내에 영어로 말해보기.(20초)

Korean ver.

4월 19일 월요일 안개

내일까지 내 차가 없을 거 같아서 아빠차를 빌렸다.

집 오는 길에 근처 셀프 주유소에 들렸다.

주유소에 차를 세우고, 가격을 체크하고 시동을 끄고, 주유를 했다.

기름을 채우고 나서 내 돈으로 결제했다.

내일은 드디어 내 차 수리가 끝난다.

English ver.

Monday, April 19th misty

Since I wouldn't have my car until tomorrow, I borrowed my dad's car.

I stopped by a self-service gas station on my way home.

I parked, checked the prices, turned off the ignition, and started pumping.

After filling the tank, I paid with my own money.

My car will be fixed tomorrow, finally.

오늘의
생활 영어 미션 ⑱

4월 23일 금요일 바람

오늘은 특별한 약속이 없어서 세차를 하러 갔다.

직접 세차를 안 해봐서 조금 긴장했지만 안내대로 해보았다.

차에 물을 뿌리고, 세제를 뿌리고 다시 물로 헹구고 그리고 나서 걸

레로 차를 닦았다.

차량 내부청소도 꼼꼼히 했다.

앞으로는 자주 세차를 해야겠다.

1단계　동사 찾기

※ 동사는 밑줄로 표시하기.

1. 오늘은 특별한 약속이 없어서 세차를 하러 갔다. (2개)
2. 직접 세차를 안 해봐서 조금 긴장했지만 안내대로 해보았다. (3개)
3. 차에 물을 뿌리고, 세제를 뿌리고 다시 물로 헹구고 그리고 나서 걸레로

   차를 닦았다. (4개)
4. 차량 내부청소도 꼼꼼히 했다. (1개)
5. 앞으로는 자주 세차를 해야겠다. (1개)

주어 찾기

※ 주어를 있는대로 찾아보기(숨어있는 주어 포함).

1. 오늘은 특별한 약속이 <u>없어서</u> 세차를 하러 <u>갔다</u>. (2개)

주어

2. 직접 세차를 <u>안</u> 해봐서 조금 긴장<u>했지만</u> 안내대로 <u>해보았다</u>. (3개)

주어

3. 차에 물을 <u>뿌리고</u>, 세제를 <u>뿌리고</u> 다시 물로 <u>헹구고</u> 그리고 나서 걸레로 차를 <u>닦았다</u>. (4개)

주어

4. 차량 내부청소도 꼼꼼히 <u>했다</u>. (1개)

주어

5. 앞으로는 자주 <u>세차를</u> 해야겠다. (1개)

주어

해답

1. 오늘은 <내가> 특별한 약속이 <u>없어서</u> <나는> 세차를 하러 <u>갔다</u>. (2개)
2. <나는> 직접 세차를 <u>안</u> 해봐서 <나는> 조금 긴장<u>했지만</u> <나는> 안내대로 <u>해보았다</u>. (3개)
3. <나는> 차에 물을 <u>뿌리고</u>, <나는> 세제를 <u>뿌리고</u> <나는> 다시 물로 <u>헹구고</u> 그리고 나서 <나는> 걸레로 차를 <u>닦았다</u>. (4개)
4. <나는> 차량 내부청소도 꼼꼼히 <u>했다</u>. (1개)
5. <나는> 앞으로는 자주 <u>세차를</u> 해야겠다. (1개)

• 주어 : ( ), 숨은 주어: < >

※ 보기를 이용해 문장을 완성하고, 문장의 구조 파악하기.

1. 오늘은 특별한 약속이 없어서 세차를 하러 갔다.

= [   ] + [   ] + 특별한 약속이 + 오늘은 +그래서 + [   ] + [   ] + 세차를 하러
    S   V   S   V

2. 직접 세차를 안 해봐서 조금 긴장했지만 안내대로 해보았다.

= [   ] + [   ] + 조금 긴장한 + 왜냐하면 + [   ] + [   ] + 세차를+ 직접 + 그러나
    S   V

 + [   ] + [   ] + 안내대로
    S   V

3. 차에 물을 뿌리고, 세제를 뿌리고 다시 물로 헹구고 그리고 나서 걸레로 차를 닦았다.

= [   ] + [   ] +차에 + 물을 + 그리고 + [   ] + [   ] + 세제를 + 그리고 + [   ]
    S   V   S   V   S

 + [   ] + 물로 + 다시 + 그리고나서 + [   ] + [   ] + 차를 + 걸레로
    V   S   V

4. 차량 내부청소도 꼼꼼히 했다.

= [   ] + [   ] + 도 + 내부 청소도
    S   V

5. 앞으로는 자주 세차를 해야겠다.

= [   ] + [   ] + 자주 + 앞으로는
    S   V

S   I

V   was / am going to wash my car / followed / went / deep-cleaned / sprayed /
had never done / rinsed / didn't have / dried

4단계 문장 다듬기

※ 어휘를 활용해서 문장 완성하기.

1. 오늘은 특별한 약속이 없어서 세차를 하러갔다.

= [내가] + [없었다] + 특별한 약속이 + 오늘은 + 그래서 + [나는] + [갔다] + 세차를 하러
    S   V   S   V

❶ 내가 + 없었다

- 특별한 약속이

= I didn't have

= anything special planned

- '특별한 약속이 없었다'는 '특별히 계획된 것이 아무것도 없었다'라는 의미로 바꿔 생각할 수 있다. 앞에 'have' 동사가 있으므로 'something'이 나오면 좋으나 부정문이므로 'anything'으로 대체해 준다. '특별한'의 표현은 'special'이 적당하고, '~thing'으로 끝나는 단어를 꾸며 줄 때는 주로 뒤에서 꾸며 준다.
- 'anything special' 즉 'I didn't have anything special'이라고 할 수 있는데, 이렇게만 문장을 만들면 마치 '나에게는 특별한 무엇이 없다'처럼 의미가 다소 모호해진다. 그래서 '계획된'이라는 단어 'planned'를 붙여주면 좀 더 자연스러운 표현이 될 수 있다.

- 오늘은

= today

ⓒ 그래서

= so

❷ 나는 + 갔다

- 세차를 하러

= I went

= to wash my car

> - 동사를 '~하러'의 의미로 표현할 때는 'to + 동사원형' 형태로 써 준다.

어순 정리 I didn't have anything special planned today, so I went to wash my car. [문장2개]

2. 직접 세차를 안 해봐서 조금 긴장했지만 안내대로 해보았다.

= [나는] + [~이었다] + 조금 긴장한 + 왜냐하면 + [나는] + [안 해봤다] + 세차를 +
　　S　　　　V　　　　　　　　　　　　　　　　　　S　　　　　　V
직접 + 그러나 + [나는] + [해보았다] + 안내대로
　　　　　　　　S　　　　V

❶ 내가 + ~이었다

= I was
- 상태를 나타내므로 'be'동사를 사용한다.

- 조금 긴장한

= a bit nervous
- 'a bit nervous' 정도로 사용하자.

ⓒ 왜냐하면

= because

❷ 나는 + 안 해봤다

= I had never done
- '안 해봤다'는 경험을 의미하므로 'have + p.p'를 사용한다.

- 세차를

= it
- 여기서는 앞 문장에서 'to wash my car'라는 표현이 나오므로 중복을 피하기 위해 'it' 대명사로 써 준다.

- 직접

= myself

© **그러나**

= but

❸ **나는 + 해보았다**

= I followed
- 여기서 '해보았다'는 '안내대로 그대로 따랐다'는 표현이 더 적합하다. 따라서 '~을 따라하다'라는 의미의 동사 'follow'를 쓰는 것이 적합하다.

- 안내대로

= the instructions
- '안내'는 'instructions'이라고 하며 '~대로', '그대로'라는 의미의 강조로 동사 앞에 'just'를 붙여주면 된다.

어순 정리 I was a bit nervous because I'd never done it myself, but I just followed the instructions. [문장3개]

3. 차에 물을 뿌리고, 세제를 뿌리고 다시 물로 헹구고 그리고 나서 걸레로 차를 닦았다.

= [나는] + [뿌렸다] +차에 + 물을+ 그리고 + [나는] + [뿌렸다]+ 세제를+그리고 +
   S   V   S   V

[나는] + [헹궜다] + 물로 + 다시 + 그리고 나서 + [나는] + [닦았다] + 차를 + 걸레로
 S   V   S   V

❶ **나는 + 뿌렸다**

= I sprayed
- spray A with B : A에 B를 뿌리다

- 차에

= the car

- 물을

= with water

© **그리고**

= and : 중복이므로 생략 (병렬 구조)

❷ 나는 + 뿌렸다	= I sprayed on
	• '뿌리다'는 'spray'라는 동사를 사용한다.
	• spray on A : A(향수, 방향제, 거품 등)를 뿌리다.
• 세제를	= soap

| ⓒ 그리고 | = and : 중복이므로 생략 (병렬 구조) |

❸ 나는 + 헹궜다	= I rinsed
	• '헹구다', '씻어내다'는 표현은 'rinse'를 사용한다.
• 물로	= with water
• 다시	= again

| ⓒ 그리고 나서 | = and then |

❹ 나는 + 닦았다	= I dried
	• '닦았다'는 '물기를 닦았다'라는 표현이므로 'dry'라는 동사로 표현하는 것이 적합하다. 'dry A with B : A를 B로 닦다'
• 차를	= the car
• 걸레로	= with a rag
	• '걸레', '누더기 천' 등은 'rag'으로 표현한다.

어순 정리 I sprayed the car with water, sprayed on soap, rinsed with water again, and then dried the car with a rag. [문장4개]

4. 차량 내부청소도 꼼꼼히 했다.

= [나는] + [꼼꼼히 했다] + 차량 내부 청소도
  S   V

❶ 나는 +
꼼꼼히 했다

= I deep-cleaned
- '꼼꼼히 했다'는 즉, '꼼꼼히 청소를 했다'라는 의미가 된다. 보통 강조하기 위해 동사 앞에 'deep'을 써주면 '깊이, 꼼꼼히' 등의 의미가 된다. 대청소를 표현할 때도 'deep-clean'이라고 한다.

- 차량 내부 청소도

= the interior
- 차량 내부는 'the interior'이라고 하면 된다. '~도'라는 표현은 다시 말해 '또한, 역시'의 의미이고, 문장 뒤에 쓰고 싶을 때는 'too'를 쓰고, 문장 중간에 위치해 주고 싶을 때는 'also'를 주로 동사 앞에 사용한다.

어순 정리 **I also deep-cleaned the interior.** [문장1개]

5. 앞으로는 자주 세차를 해야겠다.

= [나는] + [세차를 해야겠다] + 자주 + 앞으로는
  S   V

❶ 나는 +
세차를 해야겠다

= I am going to wash my car
- 강한 미래의 의지이므로 'be going to'를 사용하면 된다.

- 자주

= frequently

- 앞으로는

= from now on

어순 정리 **I'm going to wash my car frequently from now on.**
[문장1개]

5단계 미션클리어

※ 한글 문답을 보고 시간 내에 영어로 말해보기.(20초)

Korean ver.

4월 23일 금요일 바람
___

오늘은 특별한 약속이 없어서 세차를 하러 갔다.

직접 세차를 안 해봐서 조금 긴장했지만 안내대로 해보았다.

차에 물을 뿌리고, 세제를 뿌리고 다시 물로 헹구고 그리고 나서 걸레로 차를 닦았다.

차량 내부청소도 꼼꼼히 했다.

앞으로는 자주 세차를 해야겠다.

English ver.

Friday, April 23rd windy
___

I didn't have anything special planned today, so I went to wash my car.

I was a bit nervous because I'd never done it myself, but I just followed

the instructions.

I sprayed the car with water, sprayed on soap, rinsed with water again,

and then dried the car with a rag.

I also deep-cleaned the interior.

I'm going to wash my car frequently from now on.

오늘의
생활 영어 미션 ⑲

오늘 친구와 근교에 가기로 했다.

친구가 아직 차가 없어서 차를 어플로 렌트를 했다.

빌리는 시간과 반납할 시간을 선택하고, 지정 장소로 차를 빌리러 갔다.

이용한 후에는 차를 제 시간에 지정 장소에 반납하면 되었다.

친구는 내가 차가 있다고 나를 하루 종일 부러워했다.

※ 동사는 밑줄로 표시하기.

1. 오늘 친구와 근교에 가기로 했다. (1개)

2. 친구가 아직 차가 없어서 차를 어플로 렌트를 했다. (2개)

3. 빌리는 시간과 반납할 시간을 선택하고, 지정 장소로 차를 빌리러 갔다. (2개)

4. 이용한 후에는 차를 제 시간에 지정 장소에 반납하면 되었다. (2개)

5. 친구는 내가 차가 있다고 나를 하루 종일 부러워했다. (2개)

해답

1. 오늘 친구와 근교에 <u>가기로</u> <u>했다</u>. (1개)

2. 친구가 아직 차가 <u>없어서</u> 차를 어플로 렌트를 <u>했다</u>. (2개)

3. 빌리는 시간과 반납할 시간을 <u>선택하고</u>, 지정 장소로 차를 <u>빌리러</u> 갔다. (2개)

4. <u>이용한</u> 후에는 차를 제 시간에 지정 장소에 <u>반납하면</u> 되었다. (2개)

5. 친구는 내가 차가 <u>있다고</u> 나를 하루 종일 <u>부러워했다</u>. (2개)

※ 주어를 있는대로 찾아보기(숨어있는 주어 포함).

1. 오늘 친구와 근교에 <u>가기로</u> 했다. (1개)

`주어`

2. 친구가 아직 차가 <u>없어서</u> 차를 어플로 <u>렌트를 했다</u>. (2개)

`주어`

3. 빌리는 시간과 반납할 시간을 <u>선택하고</u>, 지정 장소로 차를 <u>빌리러 갔다</u>. (2개)

`주어`

4. <u>이용한</u> 후에는 차를 제 시간에 지정 장소에 <u>반납하면</u> 되었다. (2개)

`주어`

5. 친구는 내가 차가 <u>있다고</u> 나를 하루 종일 <u>부러워했다</u>. (2개)

`주어`

해답

1. 오늘 (친구와) <나는> 근교에 가기로 했다. (1개)
2. (친구가) 아직 차가 없어서 <친구가> 차를 어플로 렌트를 했다. (2개)
3. <우리는> 빌리는 시간과 반납할 시간을 <u>선택하고</u>, <우리는> 지정 장소로 차를 <u>빌리러 갔다</u>. (2개)
4. <우리가> 이용한 후에는 <우리는> 제 시간에 지정 장소에 반납하면 되었다. (2개)
5. (친구는) (내가) 차가 <u>있다고</u> 나를 하루 종일 부러워했다. (2개)

• 주어 : ( ), 숨은 주어 : < >

※ 보기를 이용해 문장을 완성하고, 문장의 구조 파악하기.

1. 오늘 친구와 근교에 가기로 했다.

= [   ] + [   ] + 근교에 + 오늘
    s   v

2. 친구가 아직 차가 없어서 차를 어플로 렌트를 했다.

= [   ] + [   ] + 차를 + 어플로 + 왜냐하면 + [   ] + [   ] + 차가 + 아직
    s   v   s   v

3. 빌리는 시간과 반납할 시간을 선택하고, 지정 장소로 차를 빌리러 갔다.

= [   ] + [   ] + 빌리는 시간과 + 반납할 시간을 + 그리고 + [   ] + [   ] + 지정
    s   v   s   v
장소로

4. 이용한 후에는 차를 제 시간에 지정 장소에 반납하면 되었다.

= ~한 후에 + [   ] + [   ], [   ] + [   ] + 차를 + 제 시간에 + 지정 장소에
              s   v   s   v

5. 친구는 내가 차가 있다고 나를 하루 종일 부러워했다.

= [   ] + [   ] + 나를 + 하루 종일 + 왜냐하면 + [   ] + [   ] + 차가
    s   v   s   v

<u>S</u>   I / We / He / My friend and I / My friend

<u>V</u>   were done / selected / decided to go / envied / just had to return / didn't have / rented / went to pick it up / have

문장 다듬기

※ 어휘를 활용해서 문장 완성하기.

1. 오늘 친구와 근교에 가기로 했다.

= [친구와 나는] + [가기로 했다] + 근교에 + 오늘
       S   V

❶ 친구와 나는 + 가기로 했다

- 근교에

- 오늘

> = **My friend and I decided to go**
> - '가기로 했다'는 'decided to~'를 사용한다.
>
> = **to the suburb**
> - suburb : 근교
>
> = **today**

어순 정리 **My friend and I decided to go to the suburb today.**
[문장1개]

2. 친구가 아직 차가 없어서 차를 어플로 렌트를 했다.

= [친구가] + [렌트를 했다] +차를+ 어플로+ 왜냐하면+ [친구가] + [없었다] +차가 +
    S   V   S   V
아직

❶ 친구가 + 렌트를 했다

- 차를

> = **My friend rented**
>
> = **a car**
> - '내 소유의 차'가 아니므로 'a'를 붙여서 'a car'로 표현한다.

· 어플로	= with an app
ⓒ **왜냐하면**	= because
❷ **친구가 + 없었다**	= he didn't have
· 차가	= one · 앞의 'a car'와 중복이므로 대명사로 대신한다. 불특정 'a'를 사용했으므로 'one'을 사용한다.
· 아직	= yet · 부사로서 문장 뒤에 위치한다.

어순 정리 **My friend rented a car with an app because he didn't have one yet.** [문장2개]

3. 빌리는 시간과 반납할 시간을 선택하고, 지정 장소로 차를 빌리러 갔다.

= [우리는] + [선택했다] + 빌리는 시간과 + 반납할 시간을 + 그리고 + [우리는] +
   S   V   S
  [빌리러 갔다] + 차를 + 지정 장소로
     V

❶ **우리는 + 선택했다**	= We selected · '선택하다'는 'select'로 표현한다.
· 빌리는 시간	= the amount of time to rent the car · '차를 렌트해서 빌리는 시간'은 전체 시간의 양으로 따진

다. 따라서 '빌리는 시간의 사용량' 정도로 의미를 알아두면 좋다. 시간의 양을 표현할 때는 'amount'라는 표현을 쓰자. '시간의 양', 즉 'the amount of time'과 '빌리는'이라는 표현은 'to rent'로 쓰고, 'to부정사'이므로 뒤에서 꾸며주는 위치로 배치한다.

- and : 그리고

- 반납할 시간을

= the time to return it
- '반납할 시간'은 시간의 양보다는 정확히 지정된 시간을 의미하므로, 그냥 'the time to return'이라고 하면 된다.

ⓒ **그리고**

= and

❷ **우리는 +**
빌리러 갔다

= We went to pick it up
- '이미 빌려놓고 지정된 차를 가서 가져오면 되는 상황'이므로 'pick up'이라는 표현이 적합하다. '우리는 렌트할 차를 가지러 가다.'

- 지정 장소로

= at the designated location
- '지정하다'는 'designate'라는 단어를 사용한다. 따라서 '지정된'은 분사형인 'designated'라고 사용하면 된다. 장소는 'location'
  = 동사 병렬 구조
  = We seleted ~ and (we) went to ~

어순 정리 **We selected the amount of time to rent the car and the time to return it, and went to pick it up at the designated location.** [문장2개]

4. 이용한 후에는 차를 제 시간에 지정 장소에 반납하면 되었다.

= ~한 후에 + [우리가] + [이용했다], [우리가] + [반납하면 되었다] + 차를 + 제 시
　　　　　　　　S　　　 V　　　　　 S　　　　　　 V
간에 + 지정 장소에

- ~한 후에

= After

❶ 우리가 +
　이용했다

= we were done
- '우리가 차량을 사용했다'라는 표현이므로 이럴 경우 '용무
  가 끝났다' 즉, 'we were done'이라는 표현을 회화에서 많
  이 사용한다.

❷ 우리는 +
　반납하면 되었다

= we just had to return
- '반납하면 되었다'는 '~하기만 하면 된다'라고 바꿔 써줄 수
  있다. '의무'의 개념이 있어서 'had to return' 즉, '반납해야
  한다'로 표현한다. 조금 강조를 해주기 위해 동사 앞에
  'just'를 넣어주면 '단지 ~하면 된다'라는 표현이 완성 된다.

- 차를

= the car

- 제 시간에

= in time

- 지정 장소에

= at the specified site
- 혹은 '특정 장소에'

(어순 정리) **After we were done, we just had to return the car in time at the specified site.** [문장2개]

5. 친구는 내가 차가 있다고 나를 하루 종일 부러워했다.

= [친구는] + [부러워했다] + 나를 + 하루 종일 + 왜냐하면 + [내가] + [있다] + 차가
    S   V   S   V

❶ 친구는 + 부러워했다

= He envied
- '부러워하다'는 'envy'로 표현한다.

- 나를

= me

- 하루 종일

= the whole day

ⓒ 왜냐하면

= because

❷ 내가 + 있다

= I have

- 차가

= my own car
- 의미상 본인 차를 직접 소유해서 부러워한다는 의미이므로 이럴 때는 소유를 강조하는 'one's own'을 붙여주면 더 자연스럽다.

어순 정리 He envied me the whole day because I have my own car. [문장2개]

5단계 미션클리어

※ 한글 문답을 보고 시간 내에 영어로 말해보기.(20초)

Korean ver.

4월 25일 일요일 맑음

오늘 친구와 근교에 가기로 했다.

친구가 아직 차가 없어서 차를 어플로 렌트를 했다.

빌리는 시간과 반납할 시간을 선택하고, 지정 장소로 차를 빌리러 갔다.

이용한 후에는 차를 제 시간에 지정 장소에 반납하면 되었다.

친구는 내가 차가 있다고 나를 하루 종일 부러워했다.

English ver.

Sunday, April 25th clear

My friend and I decided to go to the suburb today.

My friend rented a car with an app because he didn't have one yet.

We selected the amount of time to rent the car and the time to return it,

and went to pick it up at the designated location.

After we were done, we just had to return the car in time at the specified site.

He envied me the whole day because I have my own car.

오늘의
생활 영어 미션 ⑳

4월 30일 금요일 맑음

나는 오늘 알바 월급을 받았다.

그래서 가족들에게 맛있는 저녁을 쏘겠다고 했다.

검색을 한 후 멋진 중국 식당을 예약했다.

창가 자리를 예약하고 싶었는데 이미 자리가 다 차 있어서 홀 자리

로 예약했다.

부모님은 너무 배가 불러서, 남은 음식은 포장해달라고 했다.

※ 동사는 밑줄로 표시하기.

1. 나는 오늘 알바 월급을 받았다. (1개)

2. 그래서 가족들에게 맛있는 저녁을 쏘겠다고 했다. (1개)

3. 검색을 한 후 멋진 중국 식당을 예약했다. (1개)

4. 창가 자리를 예약하고 싶었는데 이미 자리가 다 차 있어서 홀 자리로 예약했다. (3개)

5. 부모님은 너무 배가 불러서, 남은 음식은 포장해달라고 했다. (2개)

해답

1. 나는 오늘 알바 월급을 <u>받았다</u>. (1개)

2. 그래서 가족들에게 맛있는 저녁을 <u>쏘겠다고</u> <u>했다</u>. (1개)

3. 검색을 한 후 멋진 중국 식당을 <u>예약했다</u>. (1개)

4. 창가 자리를 <u>예약하고</u> <u>싶었는데</u> 이미 자리가 다 차 있어서 홀 자리로 <u>예약했다</u>. (3개)

5. 부모님은 너무 <u>배가 불러서</u>, 남은 음식은 <u>포장해달라고</u> 했다. (2개)

주어 찾기

※ 주어를 있는대로 찾아보기(숨어있는 주어 포함).

1. 나는 오늘 알바 월급을 <u>받았다</u>. (1개)

주어

2. 그래서 가족들에게 맛있는 저녁을 <u>쏘겠다고</u> <u>했다</u>. (2개)

주어

3. 검색을 한 후 멋진 중국 식당을 <u>예약했다</u>. (1개)

주어

4. 창가 자리를 예약하고 <u>싶었는데</u> 이미 자리가 다 차 <u>있어서</u> 홀 자리로 <u>예약했다</u>. (3개)

주어

5. 부모님은 너무 <u>배가 불러서</u>, 남은 음식은 포장해달라고 <u>했다</u>. (2개)

주어

해답

1. (나는) 오늘 알바 월급을 <u>받았다</u>. (1개)
2. 그래서 <나는> 가족들에게 맛있는 저녁을 <내가> <u>쏘겠다고</u> <u>했다</u>. (2개)
3. 검색을 한 후 <나는> 멋진 중국 식당을 <u>예약했다</u>. (1개)
4. <나는> 창가 자리를 예약하고 <u>싶었는데</u> 이미 (자리가) 다 차 <u>있어서</u> <나는> 홀 자리로 <u>예약했다</u>. (3개)
5. (부모님은) 너무 <u>배가 불러서</u>, <부모님은> 남은 음식은 포장해달라고 <u>했다</u>. (2개)

• 주어 : ( ), 숨은 주어: < >

3단계 **문장 구조 파악하기**

※ 보기를 이용해 문장을 완성하고, 문장의 구조 파악하기.

1. 나는 오늘 알바 월급을 받았다.

= [   ] + [   ] + 알바 월급을 + 오늘
   S   V

2. 그래서 가족들에게 맛있는 저녁을 쏘겠다고 했다.

= 그래서 + [   ] + [   ] + 가족들에게 + [   ] + [   ] + 가족들에게 + 맛있는 저
        S   V   S   V
  녁을

3. 검색을 한 후 멋진 중국 식당을 예약했다.

= ~한 후 + 검색을 + [   ] + [   ] + 멋진 중국 식당을
               S   V

4. 창가 자리를 예약하고 싶었는데 이미 자리가 다 차 있어서 홀 자리로 예약했다.

= [   ] + [   ] + 창가 자리를 + 그러나 + [   ] + [   ] + 이미 + 다 차 + 그래서 +
   S   V   S   V

[   ] + [   ] + 홀 자리로
 S   V

5. 부모님은 너무 배가 불러서, 남은 음식은 포장해달라고 했다.

= [   ] + [   ] + 남은 음식은 + 왜냐하면 + [   ] + [   ] + 너무
   S   V   S   V

<u>S</u>   I / My parents / they

<u>V</u>   were / told / reserved / would treat / asked to box up / got paid for / had
     wanted to reserve / made a reservation

4단계 문장 다듬기

※ 어휘를 활용해서 문장 완성하기.

1. 나는 오늘 알바 월급을 받았다.

= [나는] + [받았다] + 알바 월급을 + 오늘
    S   V

❶ 나는 + 받았다

> = I got paid for
> - 보통 '돈을 지불받았다'라고 쓸 때는 'get paid'라고 한다. '~의 댓가로 돈을 지불 받다'라고 할 때는 'get paid for ~' 형태로 사용하면 된다.

- 알바 월급을   = my part-time job

- 오늘   = today

어순 정리 **I got paid for my part-time job today.** [문장1개]

2. 그래서 가족들에게 맛있는 저녁을 쏘겠다고 했다.

= 그래서 + [나는] + [~했다] + 가족들에게 + [내가] + [쏘겠다] + 맛있는 저녁을
           S   V   S   V

ⓒ 그래서

> = So

❶ 나는 + ~말했다

> = I told

- 가족들에게   = my family

210

ⓒ ~(것)을

= that
- 명사의 의미를 이끄는 접속사이므로 생략 가능하다.

❷ 내가 + 쏘겠다

= I would treat
- '쏘겠다' 즉, '쏠 것이다'라는 미래 가정의 문장으로 볼 수 있다. 따라서 'would'를 동사 앞에 써주면 좀 자연스러운 표현이 될 것이다. '~에게 한 턱 내다'라는 의미는 'treat'라는 표현을 사용한다. 'treat someone to ~'는 '누구에게 ~를 한 턱 쏘다'라는 의미다.

- 가족들에게

= them

- 근사한 저녁을

= to a nice dinner
- treat someone to ~ : ~에게 한턱 쏘다

어순 정리 **So I told my family I would treat them to a nice dinner.** [문장2개]

3. 검색을 한 후 멋진 중국 식당을 예약했다.

= ~한 후 + 검색을 + [나는] + [예약했다] + 멋진 중국 식당을
　　　　　　　　　　　S　　　　　V

ⓒ ~한 후

= After

- 검색을

= a search

❶ 나는 + 예약했다

= I made a reservation

- 멋진 중국 식당을

> **= at a fancy Chinese restaurant**
> - '~에서' 예약을 했다라는 의미이므로 'at'을 붙여준다.
>
> **조의** 테이블을 예약하다.
> make a reservation for a table.
> 식당의 테이블을 예약하다.
> make a reservation for a table at the restaurant.

어순 정리 **After a search, I made a reservation at a fancy Chinese restaurant.** [문장1개]

4. 창가 자리를 예약하고 싶었는데 이미 자리가 다 차 있어서 홀 자리로 예약했다.

= [나는] + [예약하고 싶었다] + 창가 자리를 + 그러나 + [자리가] + [이미 다 찼다] +
  S   V   S   V
그래서 + [나는] + [예약했다] + 홀 자리로
          S   V

❶ 나는 +
예약하고 싶었다

> **= I had wanted to reserve**
> - '~하고 싶었는데 결국 못했다'의 의미가 강하다. 이런 경우는 'wanted to'를 사용해서 '~하려고 했었다'라고 표현해 주면 된다. 다만, 오늘 일어난 과거보다 더 먼저 하려고 했었다가 못 했다는 의미가 강하므로 과거보다 더 과거 즉, '대과거' 형태로 'had + p.p'를 사용해 줘야 한다.

- 창가 자리를

> **= seats near the window**
> - '창가'는 'near the window'라고 표현해 준다.

ⓒ 그러나

= but

❷ 자리가 +
이미 다 찼다

= they were already all full
- '가득차다' 표현은 'be full'이라고 해준다.
- 이미 : 'already'는 주로 'be' 동사 뒤에 써준다.

ⓒ 그래서

= so

❸ 나는 + 예약했다

= I reserved

- 홀 자리로

= a table in the hall
- 홀에 있는 좌석을 예약했다는 의미로 생각하자.

어순 정리 I had wanted to reserve seats near the window, but they were already all full, so I reserved a table in the hall. [문장3개]

5. 부모님은 너무 배가 불러서, 남은 음식은 포장해달라고 했다.

= [부모님은] + [포장해달라고 했다] + 남은 음식은 + 왜냐하면 + [부모님은] + [~였
　　　S　　　　　　V　　　　　　　　　　　　　　　　　S　　　　　V
다] + 너무 + 배가

❶ 부모님은 + 포장
해달라고 했다

= My parents asked to box up
- 보통 이 경우는 남에게 부탁하는 경우이다. 이 때는 주로

'ask'라는 단어를 사용한다. '포장하다'는 포장해주는 상자를 기인해서 'box up'이라고 표현한다.

- 남은 음식은

= leftovers

© 왜냐하면

= because

❷ 부모님은 +
배가 불렀다

= they were full
- 따로 '배'라는 단어는 사용하지 않고 'full'이라고 하면 된다.

- 너무

= so

어순 정리 My parents asked to box up the leftovers because they were so full. [문장2개]

5단계 미션클리어

※ 한글 문답을 보고 시간 내에 영어로 말해보기.(20초)

Korean ver.

4월 30일 금요일 맑음

나는 오늘 알바 월급을 받았다.

그래서 가족들에게 맛있는 저녁을 쏘겠다고 했다.

검색을 한 후 멋진 중국 식당을 예약했다.

창가 자리를 예약하고 싶었는데 이미 자리가 다 차 있어서 홀 자리로 예약했다.

부모님은 너무 배가 불러서, 남은 음식은 포장해달라고 했다.

English ver.

Friday, April 30th clear

I got paid for my part-time job today.

So I told my family I'd treat them to a nice dinner.

After a search, I made a reservation at a fancy Chinese restaurant.

I had wanted to reserve seats near the window, but they were already all

full, so I reserved a table in the hall.

My parents asked to box up the leftovers because they were so full.